JN124469

小学校教員のための安全管理 自然災害編

濱名　陽子 編著

昭和堂

まえがき

災害多発時代にあるわが国において、小学校における災害安全の取り組みは重要である。小学校教員は、在校中の児童の安全を守り、児童に自分や身近な人の守り方を教えなければならないことに加え、大規模災害の発生時には、学校施設はその多くが地域の災害時の避難所としての役割も担うため、自治体や地域と連携して避難所運営に関わりつつ、教育再開に向けて取り組まなければならない。

これまで小学校では、建屋の耐震化や学校安全計画の策定などが進められてきたが、災害時に備えた安全管理や防災教育の取り組みには、学校ごとに濃淡があり、総じて充分とはいえない。それは、既に教科や特別活動など教育課程が多いなかで、災害安全の優先順位が結果として低くなる面も否めないが、そのような認識も含め、災害安全の担い手である小学校教員が自然災害に関する安全管理や防災教育の具体的手法について系統的に学んでこなかったことが、大きな要因のひとつとして考えられる。

このような状況のなかで、2015（平成27）年に出された中央教育審議会答申「これからの学校教育を担う教員の資質能力の向上について～学び合い、高め合う教員育成コミュニティの構築に向けて～」では、4．改革の具体的な方向性のなかの（4）新たな教育課題に対応した教員研修・養成において、下記の提言がなされた。[1]

東日本大震災をはじめとした自然災害や学校管理下における事件・事故災害が繰り返し発生している現状から、全ての教職員が災害発生時に的確に対応できる素養（知識・技能等）を備えておくことが求められている。このため、学校安全について、教員のキャリアステージに応じた研修や独立行政法人教員研修センターにおける研修と連動した各地方公共団体における研修を充実させる必要がある。

この答申を契機に、文部科学省は、2019（平成31）年度から大学の教職課程の必修科目として学ぶ内容のなかに、「学校安全への対応」を含むべきことを決め、たとえば小学校教諭一種免許状では、「教育の基礎的理解に関する科目」のなかで「各科目に含めることが必要な事項」として、「ハ教育に関する社会的、制度的又は経営的事項（学校と地域との連携及び学校安全への対応を含む）」という項目が加わっている（「教育職員免許法施行規則」第３条より）。

また教職課程コアカリキュラムにおいても、「教育に関する社会的、制度的又は経営的事項（学校と地域との連携及び学校安全への対応を含む。）」において、３）学校安全への対応が加わり、目標として、下記のことが掲げられるに至っている[(2)]。

一般目標：

学校の管理下で起こる事件、事故及び災害の実情を踏まえて、学校保健安全法に基づく、危機管理を含む学校安全の目的と具体的な取組を理解する。

到達目標：

1）学校の管理下で発生する事件、事故及び災害の実情を踏まえ、危機管理や事故対応を含む学校安全の必要性について理解している。

2）生活安全・交通安全・災害安全の各領域や我が国の学校をとりまく新たな安全上の課題について、安全管理及び安全教育の両面から具体的な取組を理解している。

これに対応して、大学の教育養成課程において最近では、防災の視点を持つ教員の養成・研修のあり方を検討、実施する大学が出てきており、2020（令和２）年の内閣府防災教育・周知啓発ワーキンググループの資料では、「安全に関する資質・能力を身に付けた教員の育成」をめざす取り組みとして、岩手大学教育学部の事例が紹介されている。

しかしこのような状況下でも、安全管理、防災教育の具体的な教育方法、教育効果の評価方法に関する研究は未だ少ないのが現状であり、筆者らは、2021（令和３）年度から2023（令和５）年度まで科学研究費補助金基盤研究Ｂ（課題番号：21H00841）を受託し、「災害安全対策能力を備えた小学校教員育成のための総合プログラム開発に関する研究」という研究課題のもと、小学校における教職課程に注目し、防災教育を行うことができる教員養成のための標準プログラムを提案することをめざして研究を開始した。

このテキストは、科研研究の研究成果のうち、教職課程における災害安全管理能力育成及び防災教育能力育成プログラムの企画・試行と、小学校の管理職を対象に実施した、小学校教員の災害安全管理能力及び防災教育能力に関する意識調査部分の研究成果をもとにしている。とりわけ2022（令和４）年度に関西国際大学で試行授業として立ち上げ、実施した「特別研究Ⅱ 防災教育演習」という授業の成果と振り返りが基礎になっている。受講生たちは、日本での自然災害についての基礎知識を学んだうえで、実際に近隣の小学校の４年生児童を対象に、防災に関する出前授業を実施したが、その実践と指導のなかで、小学校教員が養成課程のなかで共通に学んでおくべき基礎的な知識と素養をまとめるテキストができないかと考えるに至った。

教員自身が防災力を備え、防災教育ができることは、教員としての資質能力全体を高め、学校の組織力も高まることが明らかになりつつある。教員の長時間労働や多忙化が日々報道され、教員を志望する学生が少なくなっている今日、子どもたちと自分の命を守り、地域の人たちといっしょに学校の安全を実践していける教員志望者が少しでも増えていくことを願っている。

本書が小学校教員養成課程を有する大学等での防災教育プログラムのテキストとして活用され、また実際に小学校で勤務している先生方にもぜひ手にとっていただき、ご自身の防災力を高め防災教育を進めていく際の一助となるかどうか、ご意見等をいただければ幸いである。

〈追記〉

本書の編集作業が大詰めを迎えていたさなか、2024（令和６）年１月１日に、能登半島地震（Ｍ７.６）が発生し、石川県では200名を超える方が犠牲となり、北陸地方を中心に広い地域で多くの方々が被災されました。

心よりお悔やみとお見舞いを申し上げます。

その傷はあまりに深く、１月22日現在においても未だ被害の全容は把握しきれていません。支援が必要な方々へのアクセス不全や輪島地域の伝統文化への痛手を思うとき、北陸で生まれ育った編者自身も、故郷を離れているもどかしさを禁じえません。

災害多発期にある近年、日本の他地域がそれぞれに直面してきた地域復興への長い道のりが、これまでと異なる課題を抱えながら始まることに、胸が痛みます。

厳しい状況下にある学校現場の皆さまや子どもたちが、一日も早く安心と希望のある日常を取り戻されることを願っております。

参考文献

（１）中央教育審議会答申「これからの学校教育を担う教員の資質能力の向上について～学び合い、高め合う教員育成コミュニティの構築に向けて～」（平成27年12月21日）https://www.mext.go.jp/component/b_menu/shingi/toushin/__icsFiles/afieldfile/2016/01/13/1365896_01.pdf（2023.６.30参照）

（２）教職課程コアカリキュラムの在り方に関する検討会「教職課程コアカリキュラム」（平成29年11月17日）https://www.mext.go.jp/component/b_menu/shingi/toushin/__icsFiles/afieldfile/2017/11/27/1398442_1_3.pdf（2023.６.30参照）

小学校教員のための安全管理——自然災害編　目次

第1章

自然災害と教員の役割

Introduction

子どもたちが集団で教育を受ける場である学校において、子どもたちの安全・安心の確保が最優先課題であることは言うまでもない。「学校保健安全法」第26条では、学校安全に関する学校の設置者の責務として、「学校の設置者は、児童生徒等の安全の確保を図るため、その設置する学校において、事故、加害行為、災害等により児童生徒等に生ずる危険を防止し、及び事故等により児童生徒等に危険または危害が現に生じた場合において適切に対処することができるよう、当該学校の施設及び設備並びに管理運営体制の整備充実その他の必要な措置を講ずるよう努めるものとする」と定め、各学校に対して、学校安全計画の策定、学校環境の安全の確保、危険等発生時対処要領（危機管理マニュアル）の作成を求めている。

また「学校保健安全法」の第29条の２では、校長に対し、危険等発生時対処要領の職員に対する周知、訓練の実施その他の危険等発生時において職員が適切に対処するために必要な措置を講ずることを求めており、各教職員はこの要領を理解して子どもたちの安全を守ることができるようにしておく必要があるといえる。

本章では、学校安全及び災害安全と防災教育についての国が提起する概念を紹介し、安全管理と防災教育ができるために教員にどのような資質能力が必要かについて、いくつかの自治体の事例をもとに考える。

第1節　子どもたちを守る

1　学校安全の方向性と方策

現在の日本の学校安全の推進に関する方向性と具体的な方策は、「学校安全の推進に関する計画」(図1参照) に定められている。この計画は、学校保健安全法第3条第2項に基づいて、おおむね5年ごとに閣議決定されるもので[(1)]、児童生徒等や教職員の安全を確保するための戦略的な取り組みが示されている。各学校で安全への取り組みを総合的かつ効果的に進めることができるよう、これまでの災害等の教訓なども踏まえて、国が取り組むべき安全に関する教育の充実や、地域社会、家庭との連携を図った学校安全の推進などの具体的方策が盛り込まれている。

平成24年4月に「学校安全の推進に関する計画」(平成28年度までの5年間) が示され、学校安全を推進するための方策として、「安全に関す

名称	期間	方策
学校安全の推進に関する計画	平成24年度〜平成28年度	「安全に関する教育の充実方策」「学校の施設及び設備の整備充実」「学校における安全に関する組織的取組みの推進」「地域社会、家族との連携を図った学校安全の推進」
第2次学校安全の推進に関する計画	平成29年度〜平成33年度	「学校安全に関する組織的取組の推進」「安全に関する教育の充実方策」「学校の施設及び設備の整備充実」「学校安全に関する PDCA サイクルの確立を通じた事故等の防止」「家庭、地域、関係機関等との連携・協働による学校安全の推進」
第3次学校安全の推進に関する計画	令和4年度〜8年度	「学校安全に関する組織的取組の推進」「家庭、地域、関係機関等との連携・協働による学校安全の推進」「学校における安全に関する教育の充実」「学校における安全管理の取組の充実」「学校安全の推進方策に関する横断的な事項等」

図1　「学校安全の推進に関する計画のながれ」(文部科学省「学校安全の推進に関する計画」の資料をもとに山本作成)

る教育の充実方策」「学校の施設及び設備の整備充実」「学校における安全に関する組織的取組みの推進」「地域社会、家族との連携を図った学校安全の推進」が盛り込まれた。平成29年３月に策定された「第２次学校安全の推進に関する計画」（平成33年度までの５年間）では、これまでの取り組みを振り返り、目指すべき姿を「全ての児童生徒等が、安全に関する資質・能力を身に付けることを目指す。」「学校管理下における児童生徒等の事故に関し、死亡事故の発生件数については限りなくゼロとすることを目指すとともに、負傷・疾病の発生率については障害や重度の負傷を伴う事故を中心に減少傾向にすることを目指す。」とし、「学校安全に関する組織的取組の推進」「安全に関する教育の充実方策」「学校の施設及び設備の整備充実」「学校安全に関するPDCAサイクルの確立を通じた事故等の防止」「家庭、地域、関係機関等との連携・協働による学校安全の推進」の５つが具体的方策として示された。

「第３次学校安全の推進に関する計画」（令和８年度までの５年間）は令和４年３月25日に閣議決定されている。計画策定過程においては、これまでの課題として、「学校が作成する計画・マニュアルに基づく取組の実効性」「地域や学校による学校安全の取組内容や意識の差」「学校安全の中核となる教職員の位置付け及び研修の充実について学校現場の実態が追い付いていない」「様々なデータや研究成果が学校現場で実際に活用されていない」「計画自体のフォローアップが不十分なため十分に進捗が図られていない」等が指摘された。

これらを受けて、計画では施策の基本的な方向性を６つ（「学校安全計画・危機管理マニュアルを見直すサイクルを構築し、学校安全の実効性を高める」「地域の多様な主体と密接に連携・協働し、子供の視点を加えた安全対策を推進する」「全ての学校における実践的・実効的な安全教育を推進する」「地域の災害リスクを踏まえた実践的な防災教育・訓練を実施する」「事故情報や学校の取組状況などデータを活用し学校安全を『見える化』する」「学校安全に関する意識の向上を図る（学校における安全文化の醸成）」）を掲げ、３つの目指すべき姿（「全ての児童生徒等が、自ら適切に判断し、主体的に行動できるよう、安全に関する資質・能力を身に付けること」「学校管理下における児童生徒等の死亡事故の発生件数について限りなくゼロにすること」「学校管理下における児童生徒等の負傷・疾病の発生率について障害や重度の

第3次学校安全の推進に関する計画（概要）

●学校安全の推進に関する計画：各学校における安全に係る取組を総合的かつ効果的に推進するため、国が策定する計画（学校保健安全法第3条第2項）
●「第３次学校安全の推進に関する計画の策定について（令和４年２月７日中央教育審議会答申）」を踏まえ、令和４年３月２５日（金）に閣議決定（計画期間：令和4年度から令和8年度までの５年間）

Ⅰ 総論

第3次計画の策定に向けた課題認識

○ 学校が作成する計画・マニュアルに基づく取組の実効性に課題
○ 学校安全の取組内容や意識の差
○ 東日本大震災の記憶を風化させることなく今後発生が懸念される大規模災害に備えた実践的な防災教育を全国的に進めていく必要性
など

施策の基本的な方向性

○ 学校安全計画・危機管理マニュアルを見直すサイクルを構築し、学校安全の実効性を高める
○ 地域の多様な主体と密接に連携・協働し、子供の視点を加えた安全対策を推進する
○ 全ての学校における実践的・実効的な安全教育を推進する
○ 地域の災害リスクを踏まえた実践的な防災教育・訓練を実施する
○ 事故情報や学校の取組状況などデータを活用し学校安全を「見える化」する
○ 学校安全に関する意識の向上を図る（学校における安全文化の醸成）

目指す姿

○ 全ての児童生徒等が、自ら適切に判断し、主体的に行動できるよう、安全に関する資質・能力を身に付けること
○ 学校管理下における児童生徒等の死亡事故の発生件数について限りなくゼロにすること
○ 学校管理下における児童生徒等の負傷・疾病の発生率について、障害や重度の負傷を伴う事故を中心に減少させること

Ⅱ 推進方策

５つの推進方策を設定し、学校安全に関する具体的な取組の推進と学校安全に関する社会全体の意識の向上を図る

１．学校安全に関する組織的取組の推進
２．家庭、地域、関係機関等との連携・協働による学校安全の推進
３．学校における安全に関する教育の充実
４．学校における安全管理の取組の充実
５．学校安全の推進方策に関する横断的な事項等

1

推進方策１．学校安全に関する組織的取組の推進

○ 学校経営における学校安全の明確な位置付け
○ セーフティプロモーションスクールの考え方を取り入れ、学校安全計画を見直すサイクルの確立
○ 学校を取り巻く地域の自然的環境をはじめとする様々なリスクを想定した危機管理マニュアルの作成・見直し
○ 学校における学校安全の中核を担う教職員の位置付けの明確化、学校安全に関する研修・訓練の充実
○ 教員養成における学校安全の学修の充実

推進方策２．家庭、地域、関係機関等との連携・協働による学校安全の推進

○ コミュニティ・スクール等、学校と地域との連携・協働の仕組みを活用した学校安全の取組の推進
○ 通学時の安全確保に関する地域の推進体制の構築、通学路交通安全プログラムに基づく関係機関が連携した取組の強化・活性化
○ SNSに起因する児童生徒等への被害、性被害の根絶に向けた防犯対策の促進

推進方策３．学校における安全に関する教育の充実

○ 児童生徒等が危険を予測し、回避する能力を育成する安全教育の充実、指導時間の確保、学校における教育手法の改善
○ 地域の災害リスクを踏まえた実践的な防災教育の充実、関係機関（消防団等）との連携の強化
○ 幼児期、特別支援学校における安全教育の好事例等の収集
○ ネット上の有害情報対策（SNSに起因する被害）、性犯罪・性暴力対策（生命（いのち）の安全教育）など、現代的課題に関する教育内容について、学校安全計画への位置付けを推進

推進方策４．学校における安全管理の取組の充実

○ 学校における安全点検に関する手法の改善（判断基準の明確化、子供の視点を加える等）、学校設置者による点検・対策の強化（専門家との連携等）
○ 学校施設の老朽化対策、非構造部材の耐震対策、防災機能の整備の推進
○ 重大事故の予防のためのヒヤリハット事例の活用
○ 学校管理下において発生した事故等の検証と再発防止等（学校事故対応に関する指針の内容の改訂に関する検討）

推進方策５．学校安全の推進方策に関する横断的な事項等

○ 学校安全に係る情報の見える化、共有、活用の推進（調査項目、調査方法の見直し等）
○ 災害共済給付に関するデータ等を活用した啓発資料の周知・効果的な活用
○ 設置主体（国立・公立・私立）に関わらない、学校安全に関する研修等の情報・機会の提供
○ AIやデジタル技術を活用した、科学的なアプローチによる事故予防に関する取組の推進
○ 学校安全を意識化する機会の設定の推進（各学校の教職員等の意識を高める日・週間の設定等）
○ 国の学校安全に関する施策のフォローアップの実施

2

図２　文部科学省「第３次学校安全の推進に関する計画（概要）」より引用

負傷を伴う事故を中心に減少させること」）をもとに、５つ（「学校安全に関する組織的取組の推進」「家庭、地域、関係機関等との連携・協働による学校安全の推進」「学校における安全に関する教育の充実」「学校における安全管理の取組の充実」「学校安全の推進方策に関する横断的な事項等」）の具体的方策を示している（図２参照）。

2　学校安全の領域と体系

学校安全は、学校保健、学校給食を含む学校健康教育３領域の１つであり、「生活安全」（学校・家庭など日常生活で起こる事件・事故、誘拐や傷害などの犯罪被害防止）、「交通安全」（様々な交通場面における危険と安全、安全な歩行や自転車・二輪車等の利用）、「災害安全」（防災と同義であり、地震・津波災害、火山災害、風水（雪）害等の自然災害に加え、火災や原子力災害）の３領域がある（図３）。また、携帯端末やSNSの普及に

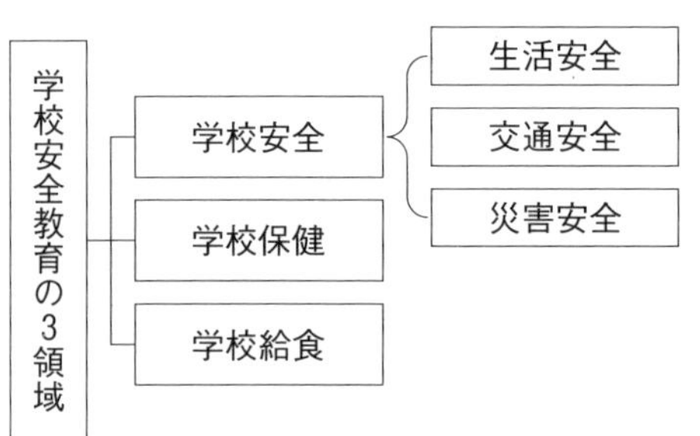

図３　学校安全教育の３領域

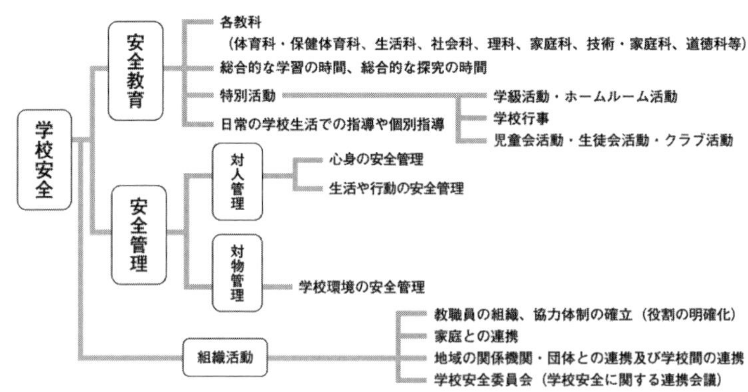

図４　「学校安全の体系」文部科学省「『生きる力』をはぐくむ学校での安全教育」12頁より引用

よる犯罪被害や学校への犯罪予告、テロ、近隣国からの弾道ミサイル発射等の新たな危機事象などにも柔軟に対応し、課題によって学校保健や生徒指導の領域と連携する必要が示されている[(2)]。

学校安全の体系は図４の通り、「安全教育」「安全管理」「組織活動」の３つの主要な活動で構成されている。「安全教育」と「安全管理」は学校安全の両輪であり、それらを相互に関連付けて学校全体として推進していくための仕組みが「組織活動」になる。

3　安全教育

学校における「安全教育」は、主に学校教育法に基づいて、学習指導要領等を踏まえて編成されるカリキュラムに組み込まれ、地域や学校の実態に応じて、学校の教育活動全体を通じて実施されるものである[(3)]。「安全教育」の目標は、「日常生活全般における安全確保のために必要な事項を実践的に理解し、自他の生命尊重を基盤として、生涯を通じて安全な生活を送る基礎を培うとともに、進んで安全で安心な社会づくりに参加し貢献できるよう育成すること」である。それら資質・能力については以下の３つが示されている[(4)]。

【知識・技能】：様々な自然災害や事件・事故等の危険性、安全で安心な社会づくりの意義を理解し、安全な生活を実現するために必要な知識や技能を身に付けている。

【思考力・判断力・表現力等】：自らの安全の状況を適切に評価するとともに、必要な情報を収集し、安全な生活を実現するために何が必要かを考え、適切に意思決定し、行動するために必要な力を身に付けている。

【学びに向かう力・人間性等】：安全に関する様々な課題に関心をもち、主体的に自他の安全な生活を実現しようとしたり、安全で安心な社会づくりに貢献しようとしたりする態度を身に付けている。

各学校では、地域の特性や児童生徒等の実情に応じて、目標や指導の重点を計画して、安全に関するカリキュラムを科目横断的な視点で編成・実施していくことになる。児童生徒等が、日常生活において危険な状況を適切に判断し、回避するために最善を尽くそうとする「主体的に行動する態度」を育成するとともに、危険に際して自らの命を守り抜くための「自助」、自らが進んで安全で安心な社会づくりに参加し、貢献できる力を身に付ける「共助、公助」の視点からの安全教育を推進していくことになる。

各段階における安全教育の目標として以下が示されている(5)。

【幼稚園】：日常生活の場面で、危険な場所、危険な遊び方などが分かり、安全な生活に必要な習慣や態度を身に付けることができるようにする。また、災害時などの行動の仕方については、教職員や保護者の指示に従い行動できるようにするとともに、危険な状態を発見したときには教職員や保護者など近くの大人に伝えることができるようにする。

【小学校】：安全に行動することの大切さや、「生活安全」「交通安全」「災害安全」に関する様々な危険の要因や事故等の防止について理解し、日常生活における安全の状況を判断し進んで安全な行動ができるようにするとともに、周りの人の安全にも配慮できるようにする。また、簡単な応急手当ができるようにする。

【中学校】：地域の安全上の課題を踏まえ、交通事故や犯罪等の実情、災害発生のメカニズムの基礎や様々な地域の災害事例、日常の備えや災害時の助け合いの大切さを理解し、日常生活における危険を予測し自他の安全のために主体的に行動できるようにするとともに、地域の安全にも貢献できるようにする。また、心肺蘇生等の応急手当ができるようにする。

【高等学校】：安全で安心な社会づくりの意義や、地域の自然環境の特色と自然災害の種類、過去に生じた規模や頻度等、我が国の様々な安全上の課題を理解し、自他の安全状況を適切に評価し安全な生活を実現するために適切に意思決定し行動できるようにするとともに、地域社会の一員として自らの責任ある行動や地域の安全活動への積極的な参加等、安全で安心な社会づくりに貢献できるようにする。

【特別支援学校及び特別支援学級】：児童生徒等の障害の状態や特性及

び発達の程度等、さらに地域の実態等に応じて、安全に関する資質・能力を育成することを目指す。

安全教育に関する法令は、学校教育法に基づく教育要領（幼稚園）、学習指導要領（小・中・高等学校・特別支援学校）に求められる。

小学校学習指導要領（平成29年告示）の総則第１の２の（３）で、安全に関する指導について、「学校における体育・健康に関する指導を、児童の発達の段階を考慮して、学校の教育活動全体を通じて適切に行うことにより、健康で安全な生活と豊かなスポーツライフの実現を目指した教育の充実に努めること。特に、学校における食育の推進並びに体力の向上に関する指導、安全に関する指導及び心身の健康の保持増進に関する指導については、体育科、家庭科及び特別活動の時間はもとより、各教科、道徳科、外国語活動及び総合的な学習の時間などにおいてもそれぞれの特質に応じて適切に行うよう努めること。また、それらの指導を通して、家庭や地域社会との連携を図りながら、日常生活において適切な体育・健康に関する活動の実践を促し、生涯を通じて健康・安全で活力ある生活を送るための基礎が培われるよう配慮すること。」と規定している。

安全教育の進め方のポイントとして、以下が示されている。

・安全教育は、体育科・保健体育科、技術・家庭科及び特別活動の時間はもとより、各教科、道徳科及び総合的な学習の時間などにおいてもそれぞれの特質に応じて適切に行うよう、学校教育活動全体を通じて計画的な指導が重要であり、そのためには、学校安全計画に適切かつ確実に位置付けるなど、全教職員が理解しておく必要がある。
・安全教育の効果を高めるためには、危険予測の演習、視聴覚教材や資料の活用、地域や校内の安全マップづくり、学外の専門家による指導、避難訓練や応急手当のような実習、ロールプレイング等、様々な手法を適宜取り入れ、児童生徒等が安全上の課題について自ら考え、主体的な行動につながるような工夫が必要である。

安全教育に関する教育実践においては、学校安全計画への位置付けと全教職員の理解のもとで、学校教育活動全体を通じた計画的な指導と、様々な教科等を科目横断的に関連付け、児童生徒等が主体的に学び行動できるようアクティブラーニングの手法を取り入れることが記されている。

4　安全管理と組織活動

学校保健安全法第26条から第30条に、学校安全に関連する規定が設けられている。安全管理と組織活動は、これらの観点を踏まえて取り組んでいく必要がある。第26条は学校安全に関する学校の設置者の責務であり、施設や設備、管理運営体制の整備や充実等のマネジメント体制についての定めである。第27条は学校安全計画の策定と実施であり、第28条は学校環境の安全確保に関する校長の責務である。第29条には危険等発生時対処要領（危機管理マニュアル）の作成、第30条には地域の関係機関や団体との連携関係の構築が謳われている。

学校における安全管理とは、児童生徒等の安全を確保するための環境を整えることである。事故の要因となる学校環境や児童生徒等の学校生活での危険を早期に発見して未然に防ぐための対策を講じる。万が一、事故等が発生した場合には、適切な応急手当や安全措置ができるような体制を確立しておくことである[(6)]。安全管理には対人管理（心身の安全管理、生活や行動の安全管理）と対物管理（学校環境の安全管理）が含まれている。一方の組織活動は、安全教育と安全管理を関連付けて推進していくための役割を担っており、学校における体制整備と家庭・地域・関係機関との連携といった２つの側面がある。具体的には、４つの領域（「教職員の組織、協力体制の確立」「家庭との連携」「地域の関係機関・団体との連携及び学校間の連携」「学校安全委員会」）での取り組みが求められている。

第2節　いのちを守る教育

1　災害安全と防災教育

学校防災のための資料として、学校安全の一領域である災害安全に特化した「『生きる力』を育む防災教育の展開」(平成25年3月) がある。それによると「災害安全」については「学校安全」の体系にならって、図5の通り「防災教育 (防災学習、防災指導)」と「防災管理 (対人管理、対物管理)」、「組織活動」で構成されていることがわかる。[(7)]

「防災教育」には、「防災について適切な意思決定ができるようになる」ことと「安全の保持増進に関する実践的な能力や態度、さらには望ましい習慣を身につける」という側面がある。[(8)] これら2つのねらいを発達段階に応じて相互に関連付けを図りながら、計画的、継続的に行われるものとされている。道徳教育についても言及されており、望ましい道徳的態度形成といった観点から、広く防災を含む安全教育の共通基盤として位置付けられている。

防災教育の目標は次の3つである。[(9)]

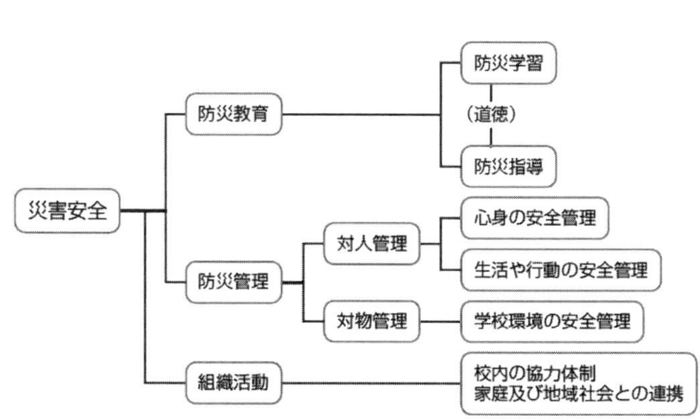

図5　「学校安全における災害安全の体系」文部科学省「学校防災のための参考資料『生きる力』を育む防災教育の展開」6頁より引用

【知識、思考・判断】

自然災害等の現状、原因及び減災等について理解を深め、現在及び将来に直面する災害に対して的確な思考・判断に基づく適切な意思決定や行動選択ができるようにする。

【危険予測、主体的な行動】

地震、台風の発生等に伴う危険を理解・予測し、自らの安全を確保するための行動ができるようにするとともに、日常的な備えができるようにする。

【社会貢献、支援者の基盤】

自他の生命を尊重し、安全で安心な社会づくりの重要性を認識して、学校、家庭及び地域社会の安全行動に進んで参加・協力し、貢献できるようにする。

この内、小学校段階における防災教育は、「日常生活の様々な場面で発生する災害の危険を理解し、安全な行動ができるようにするとともに、他の人々の安全にも気配りできる児童」を目指しており、防災教育のねらいに照らし合わせて、以下の3つを目標としている。

【知識、思考・判断】

地域で起こりやすい災害や地域における過去の災害について理解し、安全な行動をとるための判断に生かすことができる。

被害を軽減したり、災害後に役立つものについて理解する。

【危険予測・主体的な行動】

災害時における危険を認識し日常的な訓練等を生かして、自らの安全を確保することができる。

【社会貢献、支援者の基盤】

自他の生命を尊重し、災害時及び発生後に、他の人や集団、地域の安全に役立つことができる。

和歌山県教育委員会では、「学校における防災教育・安全指針―防災教育の充実と児童生徒等の安全確保のために―」（平成26年3月[(10)]）を策定しており、小学校における指導内容を、「『和歌山県防災教育指導の手引き』を活用し、避難行動に結びつく知識や姿勢を学び、災害から命を守るための『生き抜く力（自助）』を身に付けさせる。」とし、防災教育の目標を低学年、中学年、高学年と細分化している。

【低学年】

災害に関心をもち、災害発生時に近くの大人に連絡したり、一緒に避難してもらえるよう声をかけるなど、適切な行動ができる。

【中学年】

災害について基本的な理解ができ、自ら安全な行動ができるようにするとともに、周囲の人と協力して危険を回避できる。

【高学年】

災害の危険を理解し、自ら安全な行動ができるようにするとともに、自分の安全だけでなく他の人々の安全にも気配りができるようにする。また、「自助」と「共助」の意味や大切さを理解する。

低学年では「適切な行動ができること」、中学年では「周囲の人々と協力して危険回避ができること」、高学年になると「自他の安全に配慮でき、自助や共助を理解すること」を目指しており、発達段階ごとの特徴に応じて自己の安全から周囲の安全へと関心が拡大していることが分かる。

2　求められる教員の資質（兵庫県・神戸市の指標をもとに）

平成29年４月に改正教育公務員特例法が施行されたことに伴い、教員等の任命権者に「校長及び教員としての資質の向上に関する指標」の策定が義務付けられた。ここでは兵庫県教育委員会による「兵庫県教員資質向上指標[(11)]」および「神戸市教員育成指標」の内、安全管理、防災教育に関連する項目を概観する。

「兵庫県教員資質向上指標」は、分野として「教育課題への取組」「学習指導」「学級・ホームルーム経営・生徒指導」「チームで職務を担う体制づくり」「資質を高める自律性」の５つをあげ、その資質として「兵庫の教育課題への対応」「授業実践力・授業改善力」「専門性・探求力」「集団を高める力」「一人一人の能力を高める力」「協働性・同僚性」「組織的対応力」「自己管理能力・変革力」の８つを示し、具体的な「教員としての資質の向上に関する指標」を44あげている。キャリアステージを、実践的な指導力を伸ばす「第１期（採用～５年目）」、職務に応じて専門性を伸ばす「第２期（６年目～20年目）」、より高い力を身に付け後進の育成に生かす「第３期（21年目以降）」に分けて、各々のキャリアに応じて「求められる資質」「重点的に研修に取り組む時期」「位置付ける研修種別」を明示している。

安全管理に関しては、「組織的対応力」の１つとして、「学校安全のための危機管理を理解し、事件や事故、トラブルに適切に対応することができる。」をあげており、学校安全全般に関するチームで取り組むリスクマネジメントへの理解が求められていることがわかる。

防災については、「兵庫の教育課題への対応」の１つに、「震災の教訓と経験を継承し、生命に対する畏敬の念や助け合い、ボランティア精神等『共生』の心を育む『兵庫の防災教育』を推進することができる。」をあげており、阪神・淡路大震災の教訓を風化させない地域特性を踏まえた教育ができることを求めている。

一方の「神戸市教員育成指標[(12)]」は、指標項目として「学習指導」「児童生徒理解・学級経営」「特別支援教育」「学校運営への参画」「人材育成・自己研鑽」「神戸の特色ある教育」「特別支援学校」の７つをあげて、それらの具体的な内容を24示している。キャリアについては、基礎形成期「第１ステージ（１～３年目）」、基礎充実期「第２ステージ（４～８年目）」、資質向上期「第３ステージ（９～16年目）」、資質発展・円熟期「第４ステージ（17年目～）」となっており、兵庫県教育委員会のものより細分化している。

安全管理に関しては、「学校運営への参画」の１つに「学校安全・危機管理」をあげており、神戸市が求める着任時の姿を「命の大切さ、安全・安心な学校づくりの重要性を理解している。」としている。これをキャリア別にみると、第１ステージ「学校安全に留意し、事故やトラブルの未然防止に努める。」第２ステージ「事故やトラブルの未然防止を図るとともに、早期発見・早期対応に取り組む。」第３ステージ「未然防止や早期発見・早期対応ができる体制づくりを組織的に推進する。」

第４ステージ「組織運営の核となり、学校安全・危機管理に努める。」と経験年数によって具体的に求められる役割が異なることが分かる。

防災教育について、「神戸の特色ある教育」の１つに位置付けられており、着任時の姿を「教育を取り巻く社会情勢の変化について関心をもっている。」としている。キャリア別では、第１ステージと第２ステージ、つまり採用時から８年目までが共通で「①防災マニュアルに基づき、子供に自らの命を守るために必要な知識と技術を身に付けさせる取組に努める。②阪神・淡路大震災などの災害の記憶や教訓を継承し、防災教育に生かす。」としており、実践的な防災のスキルの涵養と阪神・淡路大震災の教訓伝承が任務となる。第３ステージと第４ステージも共通であり、「①地域の災害特性など自然災害への理解を深め、学校の核となって防災・減災教育に組織的に取り組む。②他者の心に寄り添い、互いに助け合うことの大切さを次代に伝えていく。」としており、採用９年目以降は防災教育に関する組織マネジメントの中心的役割と後進育成が期待されている。

「兵庫県教員資質向上指標」「神戸市教員育成指標」はともに阪神・淡路大震災の「被災地としての教訓伝承」が盛り込まれており、直接的な被災経験のある地域ならではの特色とも言える。また、兵庫県では「組織的対応力」、神戸市では「学校運営への参画」といったことばで表現されているように、学校安全を進めていくための教員の資質能力のとらえ方としては、いずれも学校という組織に能動的に参画するための資質能力として位置づけられていることが分かる。

3　教職員の資質向上のための e-ラーニング

学校安全に関わる教職員の資質・能力向上のための教材として、文部科学省が運用する web コンテンツである「学校安全ポータルサイト」で「教職員のための学校安全 e- ラーニング」が公開されている。この教材は、「『生きる力』をはぐくむ学校での安全教育」（平成31年３月）等をもとにつくられており、教職員を目指す学生等、初任者等、中堅教職員等、管理職向けといった、キャリア別に段階的に学べる構成となって

対象者	学習目標	求められる資質・能力
教職を目指す学生等	学校安全に関する基礎的知識を身に付けている。	【基礎研修① 学校安全の全体概要】 ・ 学校安全の重要性を理解している。 ➢ 学校安全の意義について理解している。 ➢ 第3期教育振興基本計画の教育施策目標における学校安全の位置付けを知り、その内容を理解している。 ➢ 第3次学校安全の推進に関する計画における学校安全の目標（目指すべき姿）を理解している。 ・ 下記に関する基礎的な知識を身に付けている。 ➢ 学校安全における3領域（生活安全・交通安全・災害安全）の区分及びその具体的内容 ➢ 学校安全の体系（安全教育・安全管理・組織活動） ➢ 教育要領・学習指導要領における安全教育の位置付け ➢ 学校保健安全法に定める事項 ➢ 学校安全計画の概要 ➢ 危険等発生時対処要領（危機管理マニュアル）の概要 ➢ 組織活動の概要（学校における体制整備、家庭・地域・関係機関との連携） 【基礎研修② 安全教育の基礎】 ・ 安全教育の目標を理解している。 ➢ 安全教育の目指す資質・能力を理解している。 ➢ 発達段階に応じた安全教育の目標を理解している。 ・ 下記に関する基礎的な知識を身に付けている。 ➢ 3領域における安全教育の内容 ➢ 教育課程における安全教育（学校安全計画に基づく、教科横断的・系統的・体系的な安全教育の実施） ➢ 各教科、特別活動、日常の学校生活での指導のあり方 ➢ 安全教育の評価の意義、方法 【基礎研修③ 安全管理・組織活動の基礎】 ・ 安全管理の基礎を理解している。 ➢ 安全管理の全体像を理解している。 ・ 以下の事項に関する基礎的な知識を身に付けている。

		➢ 学校環境（施設・設備）の安全点検の概要、安全点検の種類 ➢ 学校生活の安全点検の目的、対象、方法 ➢ 通学の安全確保の目的、対象 ➢ 事故発生時の基本的な対応 ➢ 災害発生時の避難 ➢ 児童生徒等の生命・健康が最優先という基本原則
教職員となって1年目からおおむね5年目程度を対象	・ 児童生徒等に、安全教育を実施することができる。 ・ 危機管理マニュアルの内容を理解し、マニュアルに沿って行動できる。	【初任者等向け研修】 ・ 安全教育に関する以下の事項を理解し、児童生徒に対して、適切な安全に関する指導を行うことができる。 ➢ 安全教育の進め方（各教科等を結びつけた計画的な指導） ➢ 学習指導要領に基づく安全教育、各教科等の組合せ方 ➢ 効果的な安全教育の方法 ・ 安全管理に関する以下の事項を理解し、危機管理マニュアルに沿って落ち着いて的確に対応ができる。 ➢ 危機管理マニュアルの内容と自身の役割 ➢ 児童生徒等の安全第一、報告・連絡・相談の重要性 ➢ 事故等の未然防止のための対応（学校環境・学校生活・通学の安全管理）の具体的方法・留意点 ➢ 事故等発生時の優先事項（基本原則、救命措置最優先） ➢ 下記の緊急対応における具体的方策 ◇ 熱中症対応 ◇ 心肺蘇生法 ◇ アレルギーへの緊急対応 ◇ 自然災害発生時の対応（避難等） ◇ 不審者侵入時の対応
教職員歴がおおむね6年以上で、各学校園において中堅となって活動する教職員を対象	学校安全推進の中核となり、学校安全計画の策定・見直し、危機管理マニュアルの原案作成・改善、各種学校安全活動の企画・調整・評価、	【中堅教職員向け研修】 ・ 学校安全推進の中核として、以下の事項を理解している。 ➢ PDCA サイクルによる学校安全の強化の必要性 ➢ 学校安全推進の中で中堅教職員として果たすべき役割 ・ 学校安全を強化する PDCA サイクルを回すために必要な下記の事項について、具体的な方

	校内研修の企画・推進などを行うことができる。	法に関する知識を身に付けている。 ➢ 学校安全計画の策定における留意点 ➢ 学校安全計画の見直しの方法 ➢ 危機管理マニュアルに記載すべき内容 ➢ 危機管理マニュアルの作成・見直しの手順 ➢ 幼稚園・特別支援学校における危機管理上の留意点 ➢ 安全教育の評価・改善の意義、視点 ➢ 安全管理の評価・改善の意義、視点
管理職、又はそれに準ずる立場にある教職員	・ リーダーシップを発揮して、校内における学校安全の活動を推進することができる。 ・ 学校安全の活動推進に当たり、家庭・地域、関係機関等との連携・協働を推進することができる。 ・ 事件・事故・災害等の発生時に、的確な状況判断・意思決定を行うことができる。	【管理職向け研修】 ・ 学校安全の推進に必要な組織活動に関し、以下の事項を理解している。 ➢ 校内の協力体制構築の重要性、協力体制構築に当たっての留意点（目標・方針の共有、異論を含めた意見聴取・議論、平時からの安全意識維持・高揚） ➢ 教職員研修の重要性、校内研修・伝達の方法、新たな研修・訓練方法の概要 ➢ 家庭・地域・関係機関との連携体制の構築方法 ・ 組織のリーダーとして、安全管理のうち特に災害発生時以降の対応について、以下の事項を理解し、リーダーシップを発揮して対応することができる。 ➢ 状況に応じた意志決定の必要性・重要性 ➢ 引き渡し判断の重要性 ➢ 教育活動の継続に向けた応急教育計画策定の必要性 ➢ 避難所対応における学校の役割及び事前協議の必要性 ➢ 調査・検証・分析・再発防止のうち、初動対応時に学校で実施すべき事項及びその留意点 ➢ 児童生徒等の心のケアの必要性

図6 「教職員のための学校安全 e-ラーニングカリキュラム」（文部科学省「学校安全ポータルサイト／教職員のための学校安全 e-ラーニング」をもとに山本作成）

いる。デジタル技術を活用したテキスト教材とビデオ解説が、いつでもどこでも学習できるオンデマンド形式で提供されており、理解度を確認できるようコース毎に小テストも設けられている。教員養成段階にある大学生から学びがスタートでき、防災教育を通して児童生徒等のどのような資質・能力を育むのかという視点を養うことができる[(13)]。あわせて、教職員を目指す学生にとって、将来的な自分のキャリアに連動して、どのような資質・能力が求められるのかを俯瞰することができる[(14)]。

第3節　地域へのコミットメント

1　地域との連携

「『生きる力』をはぐくむ学校での安全教育」（平成31年３月）では、家庭・地域・関係機関との連携に関して、次のように指摘している。

・安全上の課題が複雑化・多様化する中で、学校等で全てを担うことは困難であること、児童生徒等が事故等に遭遇するのは学校だけではないこと等から、家庭・地域・関係機関との連携が不可欠である。

・その際、地域や学校の実情に応じて、様々な形での連携体制づくりやボランティア等の協力を得ることが考えられる。

・また、教育委員会が積極的に関係部局や関係機関等と連携を図り、学校を支援することが大切である。

連携先として想定されるのは、首長部局や教育委員会、警察、消防、医療機関、社会福祉施設や近隣の学校、PTA（保護者）、地域の関係団体や地域住民・ボランティア等であり、地域の実情に応じて安全対策のネットワークを形成する（図６参照）。

ボランティア等の連携のポイントとして、以下が示されている[(15)]。

・地域のボランティア、地域の関係機関、ボランティア団体との連絡調整を行う地域学校協働活動推進員等に対応する担当者（地域連携担当教職員）を決めておく。

・電子メールの活用など、緊急事態の発生連絡を受けた場合のボランティア団体との連携方法について定め、地域学校協働活動推進員やボ

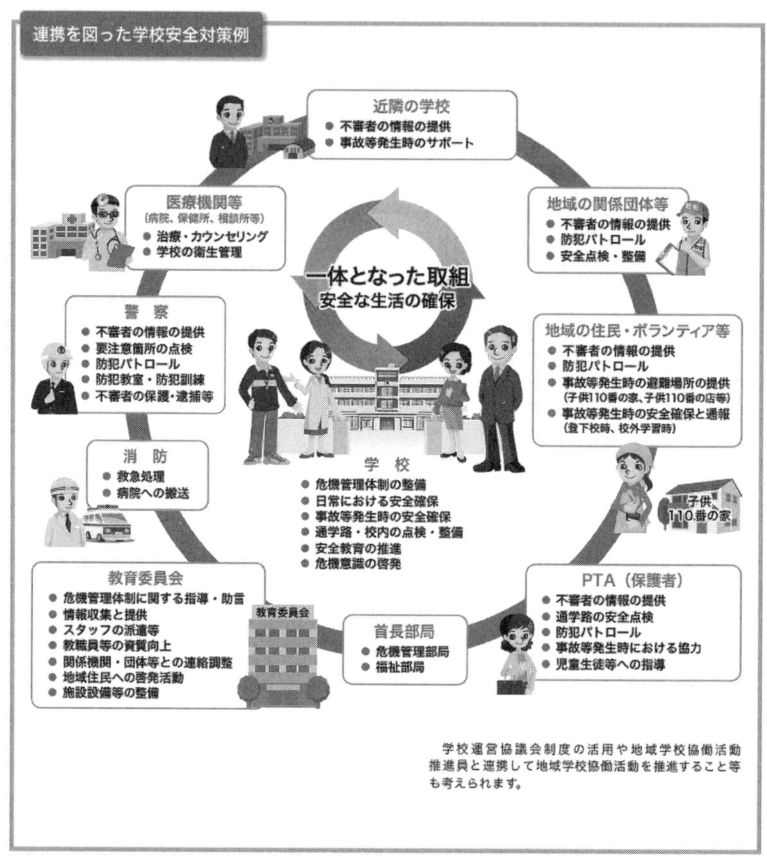

図７　「連携を図った学校安全対策例」文部科学省「学校の危機管理マニュアル作成の手引」７頁より引用

ランティア団体とも共有しておく。

・ボランティア団体等から得た地域における不審者情報は記録しておき、教職員に周知するとともに、状況に応じて警察・教育委員会に通報する。また、学校で有している情報は、適宜、ボランティア団体に提供する。

・地域学校安全委員会、学校警察連絡協議会、コミュニティ・スクールでの議論や地域学校協働活動等の機会を通じて、関係機関及びボランティア団体等と連携を密にすることも考えられる。

例えば、学校内外で起こり得る不測の事態には、子どもたちの避難誘導、保護者への引き渡し等、保護者、地域関係機関等との連携による安全確保が必要である。子どもたちの命を守るためには、社会全体で日頃からの備えをしておくことが求められる。「特に、平素からの学校と家庭・地域との関係づくりが非常時に児童生徒等の命や安全を守ることにつながることからも、児童生徒等の安全に関する課題について家庭・地域・関係機関等が連携・協働できるよう体制を構築し、それぞれの責任と役割を分担しつつ、学校安全に取り組むこと[16]」が必要である。

2　避難所運営

防災計画において、学校は公共施設として非常に重要な役割を担っている。防災教育や避難訓練の実施のみならず、災害発生時には指定避難所として、地域住民の命を守る場となるだけでなく、避難者の情報通信網の拠点となる。とりわけ、災害時における避難所の円滑な開設と運営、さらには、学校の本来の目的である、子どもたちが学びあえる場の早期復旧を図るためには、地域との協力や支援無くして取り組むことはできない。「第３次学校安全の推進に関する計画」では、「災害発生時の避難所運営に係る取組」について、「避難所の運営主体となる市町村の防災担当部局等と避難所としての活用が予定される学校、地域の防災組織（自主防災組織等）などと平時から連携を深めておくことが不可欠である。」としている。また、地域住民の避難受け入れの際の対応について、「特に、避難所の円滑な開設・運営に当たっては、予め学校施設の避難所としての利用方法を決めておくことが重要であることから、地域の状況に応じ、学校の教育活動の再開・継続に支障のない範囲で、要配慮者スペースの確保、熱中症対策等を図るための体育館・特別教室・普通教室の利用、避難者及び避難所の運営に資する活動を行う者の校内通信環境の利用等について協議し、共通認識を構築することが望ましい[17]。」とし、事前に地域と連携のあり方について十分に協議し、協働のための役割分担を明確化しておくことの必要性を示している。

避難所開設・運営に関する協議事項として、以下が示されている[18]。

・学校が避難所となった場合の開設（安全点検）方法や組織の立ち上げ方法

・教育活動の円滑な再開を見据えた、避難所としての学校施設の利用方法

　➢　地域住民への開放区域と非開放区域の明示

　➢　児童生徒等の安全確保や授業再開時の混乱防止のため、避難所エリアと教育活動エリアを分離するとともに、児童生徒等と避難者の動線を区分

　➢　災害種別や状況によって異なる可能性があることに留意

・勤務時間外に災害が発生した場合の開設（解錠、安全点検）方法

・学校による支援内容（施設管理者としての役割、避難所運営組織の会議参加等）

・防災担当部局等や教育委員会、地域の自治組織、ボランティア等との連絡・調整の在り方

地域との連携には「顔の見える関係づくり」が必須である。日頃から不審者等の侵入に備えて学校の門扉を施錠したり、盗撮等の被害を防ぐために視線を遮蔽したりする等の安全対策は必要であろう。しかしながら、学校が閉ざされた空間であればあるほど地域からは何も見えず、関心を持って気に掛けることもできない。災害発生時に、教育訓練やマニュアル等の周到な準備が活かされた、子どもたちの命を守るための具体的な行動には、地域全体で臨機応変に助け合い支え合える関係性をいかに構築していくかが求められる。そのためには、子どもたちが日常住まう地域の人々とのコミュニケーションや関心、信頼、経験の共有などの醸成を図っていく必要がある。まさに、安全教育推進の視点で示されているように、危険に際して自らの命を守り抜くための「自助」のみならず、自らが進んで安全で安心な社会づくりに参加し、貢献できる力を身に付ける「共助、公助」を学ぶことの必要性に関連付けられるところであり、教職員がそれら実践者として行動することが求められている。

安全教育は社会形成・社会参加に関する教育であるシチズンシップ教

育としても有効である。そのためにも学校等の教職員には、地域で行われる防災教育や防災訓練への参画のみならず、地域行事への参加や学校行事の公開、子育てや教育を含んだ地域活性化に向けた協働等、日頃から幅広く地域に関心を示し積極的に関わっていける行動力が必要となっている。そして教職課程にある学生には、子どもを取り巻く生活環境の場である地域社会に、自律的・能動的にコミットメントできる態度特性の涵養が求められる。

注

（1）学校保健安全法第3条第2項「国は、各学校における安全に係る取組を総合的かつ効果的に推進するため、学校安全の推進に関する計画の策定その他所要の措置を講ずるものとする。」

（2）文部科学省「学校安全資料『生きる力』をはぐくむ学校での安全教育」（平成31年3月）、10、11頁　https://www.mext.go.jp/component/a_menu/education/detail/__icsFiles/afieldfile/2019/05/15/1416681_01.pdf（2023. 6.30参照）

（3）同上、13頁

（4）同上、27頁

（5）同上、28頁

（6）同上、11頁

（7）文部科学省「学校防災のための参考資料『生きる力』を育む防災教育の展開」（平成25年3月）、6頁　https://anzenkyouiku.mext.go.jp/mextshiryou/data/saigai03.pdf（2023. 6. 30参照）

（8）同上、6頁

（9）同上、10頁

（10）和歌山県教育委員会「学校における防災教育・安全指針―防災教育の充実と児童生徒等の安全確保のために―」（平成26年3月）https://anzenkyouiku.mext.go.jp/todoufuken/data/30wakayama/30-03.pdf（2023. 6. 30参照）

（11）兵庫県教育委員会「兵庫県教員資質向上指標」（令和3年1月）https://www.hyogo-c.ed.jp/~kyoshokuin-bo/R3_kyouinsisitukoujyousihyou%20.pdf（2023. 6. 29参照）

（12）神戸市教育委員会「学び続ける神戸の教職員・神戸市教員育成指標」（令

和5年4月）https://www.nits.go.jp/service/shihyo/information/files/index_023KobeCity_003.pdf（2023. 6. 29参照）

（13）文部科学省「第3次学校安全の推進に関する計画」の「（6）教員養成における学校安全の学修の充実」を参照のこと。

（14）文部科学省学校安全ポータルサイト「教職員のための学校安全e-ラーニング」https://anzenkyouiku.mext.go.jp/learning/index.html（2023. 6. 29参照）

（15）文部科学省「学校の『危機管理マニュアル』等の評価・見直しガイドライン解説編」（令和3年6月）、7頁 https://anzenkyouiku.mext.go.jp/mextshiryou/data/kikikanri/kikikanri-all.pdf（2023. 6. 29参照）

（16）文部科学省「学校安全資料『生きる力』を育む学校での安全教育」（平成31年3月）、111頁 https://anzenkyouiku.mext.go.jp/mextshiryou/data/saigai03.pdf（2022. 1. 4参照）

（17）文部科学省「第3次学校安全の推進に関する計画」（令和4年3月）、11頁 https://anzenkyouiku.mext.go.jp/plan-gakkouanzen/data-3/3keikaku-zenbun.pdf（2023. 6. 29参照）

（18）文部科学省「学校の『危機管理マニュアル』等の評価・見直しガイドライン―解説編」（令和3年6月）、42頁 https://www.mext.go.jp/content/20210604-mxt_kyousei02-000015766_04.pdf（2023. 6. 29参照）

コラム1

防災教育のデジタルコンテンツ

国のGIGAスクール構想をはじめ、教育の世界におけるICT（情報通信技術）環境の推進が加速し、今の子どもたちも、生まれた時からスマホやタブレットが身近にあり、デジタル環境があたり前になっている。

防災教育に関しても、様々なデジタルコンテンツが無償で手に入る。例えば、東京都教育委員会は「防災教育ポータルサイト」で「防災ノート[(1)]」というコンテンツを提供している。小学生用は3種類（低学年、中学年、高学年）あり、「知る」「考える」「調べる・まとめる」の3つのステップで学習できるようになっている。音声とビデオ、ワークシートも盛り込まれており、学んだことを家に持ち帰って家族と対話するための課題や、さらに、それらの結果を学校に持ち寄ってグループでの話し合いに使えるようにしている。また、内閣府防災情報ページにある、「震度6強体験シミュレーション」[(2)]は、ロールプレイングゲームを通して予防対策や避難行動が学べるコンテンツである。画面に提示される設問に答えていくと「生き残りレベルゲージ」が変化していく仕組みである。総務省消防庁では、「防災・危機管理eカレッジ[(3)]」として、子ども向けのクイズ形式の動画を提供している。「わたしの防災サバイバル手帳[(4)]」は、わかりやすい内容で豊富なイラストを交えながら生き抜くための知識が学べるようになっている。

防災教育には教科横断的な教育内容が求められる。そして何より、子ども自身が手応えあるリアルな学びを通して「自分ごと化」を図ることが重要である。そのための教材として、これらデジタルコンテンツを上手く組み合わせて、主体的・対話的で深い学びにつながるような防災教育が展開できないだろうか。Society 5.0時代を生きる全ての子どもたちにとって教育のデジタル化の推進は待ったなしである。このテキストを手に取っているみなさんには、まずは、下記サイトをのぞいてみて、様々なアイデアを膨らませながら経験学習や各種の実習に取り組み、新しい教育実践に挑戦していってほしい。

東京都教育委員会「防災ノート（小学生）」	内閣府防災情報ページ「震度６強体験シミュレーション」	総務省消防庁「防災・危機管理ｅカレッジ」	「わたしの防災サバイバル手帳」

注

（１）東京都教育委員会「防災ノート（小学生）」https://www.anzenedu.metro.tokyo.lg.jp/shogaku/（2023. 7. 14参照）

（２）内閣府防災情報ページ「震度６強体験シミュレーション」https://www.bousai.go.jp/simulator/shindo6/index.html（2023. 7. 14参照）

（３）総務省消防庁「防災・危機管理ｅカレッジ」https://www.fdma.go.jp/relocation/e-college/index.html（2023. 7. 14参照）

（４）同上、「わたしの防災サバイバル手帳」https://www.fdma.go.jp/relocation/syobodan/item/activity/education/bousai/survival_r040927.pdf（2023. 7. 14参照）

第2章
災害への対応と対策

Introduction

第１章では、学校の安全のための教職員の役割を述べてきた。この章では、そのための具体的な体制の整備や災害全般に共通する対応の優先順位と災害ごとに求められる対応を記す。より具体的な防災マニュアルの作成や訓練の手法については第３章の内容となるが、その前提として校内にどのような役割の人が必要とされるのか、求められる能力についても整理している。

災害対応に必要となる知識は多い。ここでは、主な災害の特徴をふまえ、発生のメカニズムや被害の出方、対応や対策についてまとめている。それぞれ発生直後と急性期、復旧期、復興期、防災減災期を意識してもらえるよう、時間経過に沿う解説とした。

より多くの地域防災に関する知識を得たい場合は、認定NPO法人日本防災士機構が認定する「防災士」の資格取得を目指されても良いだろう。

近年、デジタル技術の導入は防災減災にも取り入れられつつある。ドローンや通信手段の多様化により、かつては深刻な課題であったことが改善されている部分もある。一方で平常時の便利が災害時にかえって混乱を招くこともある。このような変化への対応には、想像力や情報収集力が欠かせない。

第１節　体制の整備

1　安全管理と防災教育

小学校教員に求められる防災上の役割は、主に安全管理と防災教育である。これらを組織的に実現するためには、校内の体制整備が重要となる。学校の責任者である校長と学校運営の要となる教頭は、管理職としてその両方を総括することになるが、小規模な学校であっても法的に年１回以上の避難訓練が義務付けられているため、１名は防災担当教員が配置されることが多い。しかし、災害時の対応における学校の責任が明確となった近年は、より充実した体制を目指す学校も増えてきた。

たとえば、①平常時の施設の保全などを行う総務（庶務）担当、②平常時の防災や防犯や事故防止に取り組む安全管理担当、③防災教育の推進を担う防災教育担当、④学校内外との連携調整を含むことも多い防災（避難）訓練担当、⑤平常時も非常時も横断的に専門的な役割が求められる救急・救護担当、といった役割分担が考えられる。

学校の方針によって、意識づけを目的にほとんど全ての教員がいずれかに割り当てられる場合もあるが、教員の人数や実務の関連性から、防災担当として②③④を１名に兼任させる学校が多い。

ここでは、主に安全管理を担う「防災推進担当教員」と防災教育を担う「防災教育担当教員」の役割について示す。

2　防災推進担当教員の役割

校内の防災推進のために、防災マニュアルの整備と防災訓練の実施を行う。これは、学校現場で発生しうる災害において、児童と教職員の命を守るための計画作成や対策を直接担う点で責任が重い。実務に関わる内容は第３章に記すが、災害発生メカニズムに関する知識や勤務校における具体的な災害リスク評価などの知識・能力を身につけることに加え、災害が発生するまで準備を進める実行力や、全ての教職員や保護者や地域住民に当事者意識をもって参画を促すようなコミュニケーション能力も求められる。

3　防災教育担当教員の役割

児童が在校中だけではなく、自宅や旅行先にいたとしても自分の身を守る行動を取るために、防災教育は重要である。さらに卒業し、職業人として社会に出たり地域活動を行ったりするにあたっても、防災の基礎的な知識や能力は災害多発国である日本に住む限り身につけておかなければならないだろう。

しかし、「防災」は教科ではないため、各学年に応じた教科書があるわけでも毎週決まった学習時間が設けられているわけでもない。多様な業務の中で副教材の情報を集め、時間を設け、地域の災害リスクに沿った教育プログラムを準備することは容易ではない。

したがって、防災教育担当教員は、自らが担当クラスの中で防災教育を実施するだけではなく、校内の他の教員の取り組みに関する情報共有や支援も視野に活動することが求められる。優れた取り組みが特定の教員による個人活動に留まることなく、協力や連携の中で校内に広がっていくことが望ましい。

具体的な防災教育事例や手法については第4章を参照されたい。

4　その他の教職員の役割

災害はいつ発生するかわからない。そのため、校内に管理職や防災担当教員が不在のときに、その場にいる者が判断し対応することも想定しておく必要がある。全教職員が災害対応や対策を「わが事」と考え、平常時から「このようなときはどうすればよいか」「自分が不在のときにはどのような対応になるのか」という想像力を働かせることが重要である。例えば、避難前にけがをした児童に手当を急ぐ場合は他の児童の避難を隣室の教員に頼むことができるか、教頭が不在でも校内放送設備を使うことができるか、児童引き渡しに必要な情報は他の教員でも取り出すことができるかなどについて、組織対応の穴が生じないように互いに協力する姿勢が求められる。防災マニュアルや訓練への反映に積極的に関わっていくことが、学校全体の防災力につながるのである。訓練の際の教室コントロールや防災教育の実施も平常時の取り組みが肝要なのである。

5　求められる能力について

安全管理や防災教育の担当教員に求められる能力にはどのようなものがあるか。筆者ら研究チームがまとめた項目は次のとおりである。専門知識や能力も含まれるが、教員としての汎用的な力に通じるものも多い。

１）教員としての汎用的な能力

①災害発生時における学校の安全管理義務について理解している
②子どもの学校生活の安全に注意を払うことができる
③学校生活における安全指導ができる
④緊急時の対応における優先順位を説明できる
⑤子どもの発達段階に応じた説明の仕方を工夫することができる
⑥学習テーマに沿った教材を選択し使用できる
⑦授業において目的に応じた新しい手法を工夫できる（ICT 等）

２）安全管理や防災に関する具体的な知識や技術

（体制の整備、防災備品、防災計画）

①学校のリスクに応じた学校防災計画（災害対応マニュアル）を作成できる
②教職員を対象とした防災研修の企画書を作成できる
③学校施設の基本設備について説明できる
④学校における防火管理・防災管理制度について説明できる

（防災教育の実施）

①防災教育の指導計画を作成できる
②１回以上の防災教育授業が実施できる
③教育の再開に向けて必要な環境整備について説明できる

（リスク情報の理解）

①ハザードマップ情報等から校区の自然災害発生リスクについて説明できる

②災害発生時の校内のリスクをリストアップできる
③主な災害情報（気象情報や行政の発する情報等）を説明できる
④児童に対する有効なリスクへの注意喚起手法を複数あげることができる
⑤災害や犯罪後の子どもたちへの心理的影響と対策について説明できる
(防災訓練の理解)
①防災・避難訓練の企画書を作成できる
②防災・避難訓練によって期待する効果を児童と教職員それぞれについて説明できる
③避難誘導時の注意点や教員間の役割分担について説明できる
④点呼や安否確認の重要性や手法について説明できる
(発生時の対応)
①災害発生後の学校・教員の役割について説明できる
②地震や火災時に児童への声掛け方法や適切な内容について説明できる
③災害や事故の発生時に適切な口頭報告と報告書の作成ができる
(保護者への対応)
①災害発生時への保護者との連絡方法等を理解している
②保護者への児童引き渡しに関する注意事項を説明できる
③その他重視する知識・技術
３）立場や役割にふさわしい危機管理能力
①災害や事故発生時に対応可能な組織の整備ができる
②安全管理上必要な校内エリア区分を指定できる
③学校で発生した事案について適切な外部発信ができる
④長期の災害対応における職員の勤務状況の管理ができる
⑤安全管理の重要性を組織内で共有できる
４）広くネットワークや既存資源を活用し更新していく姿勢
①災害時における学校の役割について説明できる
②避難所に指定されている場合には、避難所を開設する体制を整備している
③平常時から自治会等との交流ができる

④他校の教員と防災教育や安全管理について情報交換ができる
⑤地域のボランティア団体に関する情報収集ができる（災害、福祉、教育）
⑥校区における過去の災害、事件、事故とその対策に関する情報収集ができる

第２節　災害対応の優先順位の原則

第１節では、平常時と非常時の教員の役割についての理念を述べたが、本節では、実際の災害発生時に教職員が行動するにあたって、優先すべきことを理由とともに整理する。

１　避難と救助

災害発生時に最も優先すべきは、命を守る行動、つまり避難誘導と救助である。避難については、発生した現象（地震や津波、大雨や台風、火災など）によって最適な方法を取らなければならない。具体的な避難方法や誘導については後の節で現象ごとに記すが、ここでは共通して行うことについて述べておく。

①　自身の身の安全の確保〈発災と同時〉
②　児童への声かけ〈発災と同時〉
③　児童の状況の確認〈声をかけながら〉
④　点呼と救助〈応急手当が必要な場合は近くの教員と連携〉
⑤　避難の開始〈校内放送などの情報を収集して〉

ここで重要なのは、自身もケガをしないことである。防災訓練の際に児童に熱心に声をかけながら、自分は無防備なままという姿がみられる。教職員が大けがをしたり意識を失ったりすれば、児童の安全確保も難しくなってしまうからである。

避難時の点呼では、欠席やトイレや保健室への離席によって別行動になっている児童を把握しておく必要がある。児童をあらかじめ決めた避難場所に避難させ、教室内等は教員が最後に確認する。

救助が必要な場合は、必ず近くの教職員に声をかけ、協力依頼や本部への連絡、応援要請などを確実にリレーしなければならない。また、地震後の津波や火災など、複合災害のリスクがあるときには、直ちに次の安全確保に向けて行動しなくてはならない。

2　応急手当と二次災害の防止

1）応急手当

災害の場面で必要となる応急手当は、主にけがの対応である。中でもガラスで切るなどによる多量の出血には止血が必要となる。その他、落ちてきたものや倒れてきたものによって、下敷きになったり頭を打ったり骨折することも生じうる。長時間挟まれて圧迫が続くとクラッシュシンドロームのリスクも高まるため、早い救出が望まれる。また、頭を打った場合には、意識障害や吐き気が生じないかなどの観察を続ける必要があり、保護者の引き渡し時にも状況を共有する。骨折すると神経が振動のたびに刺激されて大きな痛みにつながるため、折れた部分の両側を固定する。固定具がない場合は、大判の教科書を丸めるなどして用いる。

また、驚いたりショックを受けたりしたことによって過呼吸に陥ることもある。安全な場所に移動させたあとにビニール袋などで呼気を吸わせるなど対応する。

応急手当は、知識として持っていてもいざというときの活用は難しい。そのため、予め消防局などが無料で定期開催する「応急手当講習（普通コースで3時間程度)」や「けがの手当て講習（自治体によるが2時間程度)」を受講しておくことを勧める。

2）二次災害の防止

災害発生時には、救助救出の際の二次災害にも留意しなければならない。具体的には、できる限り単独行動は避け、安全確認や空間の確保をする際には余震や不安定な足場などに特に注意し、圧迫や閉じ込めを防ぐ「かませ木」をするなど、救助者が大きなけがをしないように対策を取る必要がある。

3　情報収集と発信

1）情報収集

避難完了後は、その後の対応の判断のためにできるだけ多くの情報を集める必要がある。たとえば次のようなものが挙げられる。

・校舎等の被災状況→危険度の判定は専門家を待つことになるが、柱や重要な構造が破損している場合には人を近づけさせない。確認は２名以上で行い、ヘルメットと通信手段を持つ。
・校内設備の状況→水道、電気、ガス、通信の使用可否を確認する。
・教職員の家族の安否
・交通の状況→公共交通機関や主要道路の使用可否を確認する。道路の寸断や電車の不通は、保護者の引き取りが大幅に遅れ、児童の保護が長期化する可能性がある。
・教育委員会、教育事務所、町内会等への連絡
・児童の保護者の状況
・近隣の住家の被災状況
・近隣の避難所の状況
・校内の備蓄情報（事前に防災マニュアルにまとめられていることが望ましい）

2）情報発信

安全確保のあとは、学校管理者として素早い情報発信が求められる。具体的には、次のような内容である。多くの場合、校長名で発信される。

・立ち入り禁止エリアの通知
・使用禁止設備の通知
・被災見舞と学校に報告を求める事項について（連絡先・連絡手段）
・学校再開について（休校期間）

3）災害情報とDX

近年、情報収集に衛星電話やドローンなどの情報技術が活用され、情報発信もメールに限らずLINEやインスタグラムやXなどのSNSを活用する自治体や学校も増えてきている。これらの技術は災害時に急に用

いるのは難しいため、平常時利用と併せて検討する必要がある。

4　心のケア

災害後の児童にはさまざまな反応が見られることがある。災害を再現するごっこ遊びや通常より暴力的な言動が増えたり、夜尿症を発したりする。反対に無気力で反応が薄くなることもある。これらの多くは災害時という異常な状況に対する正常な反応であり、児童がそれぞれ状況を受け止めるまでのプロセスであるといわれる。

特に大きな心的負担があり、２週間から１か月経っても改善しない場合は、心的外傷（トラウマ）となっている可能性もあり、専門的なフォローアップが必要となる。近年は児童の心のケアの重要性が認識されるようになり、学校支援のひとつとしても浸透してきているので、専門家のサポートを積極的に受けるようにしたい。また、学校教員向けの心のケアの講習機会も設けられることがあるので、校内で１名でも受けておくと良い。

ユニセフは、災害時の子どものこころのケアについて次の４点を呼びかけている。

1. 「安心感」を与える
2. 「日常」を取り戻すことを助ける
3. 被災地の映像を繰り返し見せない
4. 子どもは自ら回復する力があることを理解し、見守る

ところで、大きく被災した地域ほど、家庭ごとに大きく状況が異なる。家族を亡くし世帯主が仕事を失うことで、児童のその後の生活が大きく変わることがある。保護者を含む周囲の大人の変化に敏感になり、日常の変化で居場所や遊び場を失って大きなストレスを抱えることがある。また、平常時より家庭内での虐待が生じやすいことも指摘されている。

担任として寄り添う機会が増えるが、教員の心的負担も積み重なることを忘れてはならない。特に担任している児童が亡くなった場合は、災害に起因することでも必要以上に自身を責めてしまい教員を続けていくことができないと感じられることもある。管理職や他の教員と共有しつ

つ、自身もケアが必要であることを認識することが重要である。

このように児童教職員が被災したあとの防災教育は、極めてデリケートなものとなる。安易なふりかえりや聞き取りが心の回復を阻害する場合もあるため、当面は見合わせ、内容や時期については慎重に検討する必要がある。

5　教育の再開（避難所支援）と記録

多くの小学校は地域の指定避難所となっている。緊急避難場所が一時的に災害から身を守る場所であるのに対し、避難所は被災者の避難生活の場となる。避難所開設は市町村が行うと災害救助法に定められており、小学校の教職員がその運営を担うことにはなっていない。しかし、避難所開設にあたって、校舎や体育館や学校の備品の使用について教職員が関わりを持たずに円滑に進められるとも考えにくい。主な役割ではなくても、市職員のひとりとして、あるいは市民である児童を保護する立場として、臨機応変な対応が求められることもある。

一方で、児童のために教育を再開することも重要な使命であり、教員としてはこれを優先しなくてはならない。とりわけ、重要な全校行事や体育が行われる体育館は避難所として使用される場合が多く、調整が必要となる。阪神・淡路大震災で被災した小学校では、被災者に見守られながらイベントを行うなど、子どもたちのための活動が被災者を元気づけたという事例もあった。

場所だけではなく学用品や衛生を含む学習環境の確保も課題となる場合がある。時間割や学校行事も変更が強いられ、状況に応じた対応が必要となる。

事務的な手続きではあるが、学校設備の被害状況について、復旧前に写真を撮っておく必要がある。また、学校としての対応記録や、長期的には児童の文集なども作られる例が多い。

日常的な業務に加えて災害対応が重なる業務環境は過酷である。管理職であれば、教職員の勤務状況や被災状況に配慮し、教職員同士が協力しあうことも普段以上に求められる。

第3節　地震と津波による災害

1　地震と津波発生のメカニズム

日本国土の面積は、世界全体の陸地のわずか0.25％にすぎないにも関わらず、マグニチュード6以上の地震の発生数は世界の約20％を占める。図1のように、伊勢湾台風（1959年）以降、風水害対策の推進によって災害の犠牲者数を減らしてきた日本において、突出しているのは、いずれも地震やそれに伴う津波の犠牲者数である。

1995年1月17日に発生した兵庫県南部地震による阪神・淡路大震災では6,437人、2011年3月11日に発生した東北地方太平洋沖地震による東日本大震災では22,252人もの方が亡くなっている。

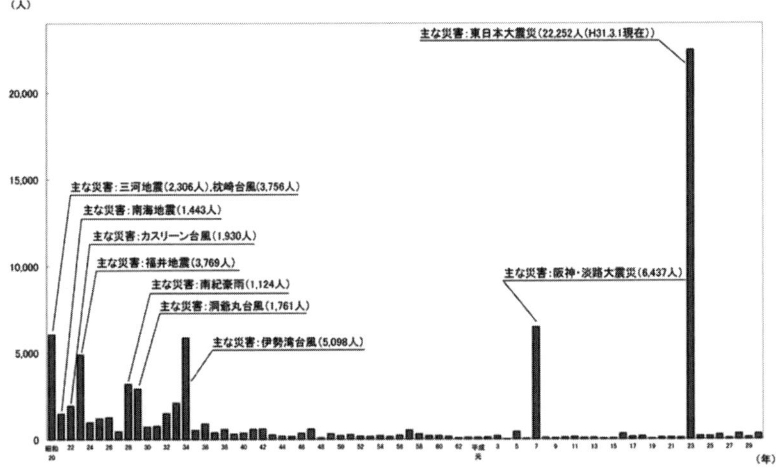

図1　「自然災害における死者・行方不明者数」（出典：内閣府　令和元年防災白書附属資料7）

日本が地震大国である理由は、世界的にも珍しい地理的条件による。地球表面の「プレート」は世界中で十数枚あるといわれるが、うち4枚（ユーラシアプレート、北米プレート、太平洋プレート、フィリピン海プレート）の境界近くに位置するのが日本なのである。海のプレートが陸のプレートの下に沈み込むことによって生じるプレートのひずみや割れによって、地震が発生する。このプレートの境界という立地は、地震だけではなく火山活動の活発な地域でもある。

海洋部で地震が発生すると、津波が発生する。

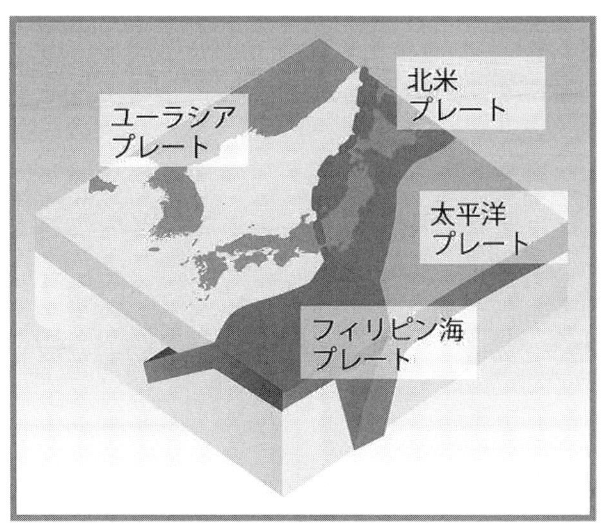

図2　4つのプレートの境界に位置する日本
（出典：防災科学研究所 https://www.seafloor.bosai.go.jp/knowledge/）

2　被害の出方

地震による災害の特徴は、発生の予測ができない点と、大規模な発生になれば被災エリアも広域に及ぶ点である。

まず、気象災害とは異なり、地震はいつどこで発生するかを正確に知ることができない。緊急地震速報も、実際には既に発生した地震のＰ波（縦揺れで伝播速度が速く、初期微動とも呼ばれる）を捉えてＳ波（横揺れで伝播速度がＰ波より遅く主要動とも呼ばれ、大きな被害を発生させる）に備えるものであり、予測とは異なる。つまり、地震には突然襲われるのである。したがって、現場の状況に応じて即時に判断・行動しなければならない。

次に、被災エリアについては、複数県にわたって深刻な被害が出ることがある。今後発生が懸念されている首都直下型地震や南海トラフ地震は、首都圏の人口密集地域や沿岸部を中心に西日本全体が被災域になると想定されている。そのため、支援の遅れや不足が懸念される。さらに津波は、浸水想定域より余裕をもって逃げる必要がある。1ｍの津波にのまれれば致死率は100％といわれ、20cm でも溺れるケースがある。第二波、第三波がより高くなることもあるため、津波警報が解除されるまで、情報がない場合は少なくとも６～７時間は避難を続けなければならない。

学校における地震・津波被害は、校舎や器具の倒壊による圧死や骨折・内臓損傷、ガラス等による大きなけが、火災による焼死や火傷、津波による溺死など、人的な被害の発生が懸念される。また、建物設備の破損や流出により、避難所生活の不衛生・不便やストレス、学校再開の困難などが生じる。学校の施設は、遺体安置所として使用されることもある。

3　学校における防災対策

被害を最小に止めるための対策としては、校舎の耐震化、器具備品等の転倒防止、適切な避難行動、備蓄と保護者や地域との連携が重要である。大きな地震の発生時は思うように身動きが取れないことから、日ごろから地震発生時のリスクを発見し、その都度固定や撤去しておきたい。

また、防災マニュアルの整備や防災訓練が必須なのは言うまでもない。特に防災マニュアルにおいては、参集できた限られた人数で、優先順位に沿って速やかな対応を定めておく必要がある。

備蓄は、避難所として市民向けに置かれていることが多い。しかし、市の管理物品でもあるため、即時に校内で活用できるとは限らない。事前に市に確認しておくほか、児童教職員用の備蓄を別途整えることも検討しておきたい。特に、教職員は児童を優先するあまり、自分のケアを後回しにしがちである。校務や交通寸断によって当面帰宅できない場合の備えを、学校と家庭の両方で進めておきたいものである。

第4節　火災

1　火災発生のメカニズム

地震や津波などの自然災害とは異なり、火災は人間が暮らしの中で発生させるものである。利活用している火の燃焼が、制御できない事態となり、人命や資産に被害が生じるのである。火災が最も発生しやすい建物は住宅であり、学校の火災は統計的には多くないが、発生すれば大きな被害につながるため、防火対策は必須となる。

燃焼は、可燃物と熱源と酸素の３つが供給されることによって続く。たとえば天ぷら火災であれば、可燃物である油がガス火によって加熱され、油に火が付くか発火、密室ではないことで酸素が供給され続けることによって燃焼が続く。

2　被害の出方

1）人的被害

火災で警戒しなければならないのは煙である。高温のため吸い込むと気道熱傷で気管が腫れてふさがり、窒息することもある。また、有害物質を吸い込むこともある。姿勢を低くし、なるべく吸い込まずに移動する必要がある。ビニール袋に新鮮な空気を入れて避難する間は外気を吸わないことも有効である。

火災現場では燃焼現象によって酸素が不足し、一酸化炭素が発生することがある。一酸化炭素は空気中にほぼ均質に広がり、無臭であるため気づけない。呼気に入ると、血中ヘモグロビンが本来運ぶべき酸素より数百倍もくっつきやすく、短時間で脳や全身を酸欠状態にする。判断や運動ができなくなり、逃げ遅れにつながるため、吸わないように警戒しなくてはならない。

火傷も重篤なものは致命傷となる。着衣着火の場合は、その場で転がり消火する。広範囲を火傷した場合や高温の油をかぶってしまった場合は、衣服を脱がさず上から水をかけるなどして、脱衣時の皮膚の損傷を抑える。

２）物的被害

火災によって建物設備や備品が燃えてしまい、教育の継続が困難になる、ときには児童の成果物などが失われる場合もある。

火による被害だけでなく、消火活動による水損もある。パソコンが使えなくなり、データが消失することもあるので、火災に限らず重要なデータのバックアップはしておかなければならない。

3　学校における防災対策

１）防火対策

学校で火災になりやすい場所は、火気のある給食室、家庭科室、化学薬品等のある理科室などである。特別に普段とは異なる場所で火気を扱うときには、消火器や水などの消火準備も必要となる。

また、家庭科実習時には着衣着火のリスクもある。そのため火を扱う場所や教室のカーテンなどは防炎加工が施されているものが望ましい。加工方法によっては洗濯で防炎効果が失われる製品もあるため、注意が必要である。

２）初期消火

燃焼を止めるには、可燃物・熱源・酸素の３つのうちの１つ以上の供給を止める必要がある。具体的には、一般的に普及している ABC 消火器（可燃物・油・電気火災に対応）をまずは用いることになる。建物内であれば20m ごとに設置されているが、無い場合は、①可燃物の撤去、②水などによる温度の低下（ただし油は水に大きく反応してはねることで被害が拡大することがあるため水をかけてはいけない）、③厚い布などをかぶせて窒息させるなどの対応をとる。

ところで、可燃物は通常固体であっても、燃える際にはガス化する。室内の可燃物がガス化する温度に達すると突然燃焼が進み、フラッシュオーバーが発生する。フラッシュオーバーは爆発的に炎が広がるため、逃げ切れずに命を落としやすい。そのため、火災は背の高さまで炎が上がれば避難路を確保し、天井まで火が回った場合には、ただちに消火活動を中断して避難しなければならない。

3）避難訓練

学校は年間を通じて利用する人が基本的に特定されている建物である。そのため全員が参加する避難訓練は、避難経路の事前確認に非常に有効である。法的にも実施が義務付けられているため、全ての学校が年に1回以上取り組んでいるはずである。しかし中には、古い校舎や山腹にある校舎には、複雑な構造で避難方向が限られる建物もあるため、火災発生個所を幾通りもシミュレーションしておく必要がある。児童教職員に限らず、日常的にあるいは定期的に学校に関わる人も参加の機会を設けたい。

避難訓練は、児童が教職員の指示を受けて速やかに行動する目的もあるが、教職員が適切な避難誘導を行うための訓練でもある。来訪者は校内情報に疎く、避難には誘導が必要となる。誘導がなければ、人はもと来た方向へ、明るい方へ、広い方へ、直進に進む習性があるため、明確な声掛けをしなければならない。

第5節　気象災害（台風・土砂災害・洪水・雷・竜巻・大雪）

日本には美しい四季があるが、それぞれに気象災害が起きてきた。春から夏の梅雨ではしばしば豪雨になり、夏から秋にかけては多くの台風が発生し、暴風雨をもたらしてきた。近年、時間雨量80mm を超える雨が頻発するなど、雨の降り方が、局地化・集中化・激甚化している。
具体的には、気象庁による1時間降雨量80mm 以上の年間発生回数を見れば、統計期間1976年～2017年で10年あたり2.2回増加している。また、最近2008年から2017年までの10年間の平均年間発生回数（約18回）は、1976年から1985年の10年間の平均発生回数と比較して約1.6倍に増加している。それに伴い、最近は、毎年のように洪水や大雨による土砂災害が増えているのである。

1　気象災害と被害の出方

1）台風

毎年、台風の被害にみまわれている。台風は、年間平均25.6個発生し、そのうち11.4個が日本に接近し、2.7個が上陸している（1981年～）。

台風による暴風は、建物の損壊、農作物の被害、歩行者の転倒、交通障害や停電など社会に甚大な被害をもたらす。「平成30年台風第21号」では、四国や近畿地方で猛烈な風が吹き、激しい雨が降った。大阪では、強風によって多くの車が横転したり、吹き飛ばされたりした。また、観測記録を更新する記録的な高潮となり、関西国際空港が浸水し、関西国際空港連絡橋にタンカーが衝突するなど甚大な被害が出た。

2）土砂災害

台風や大雨によって、土砂災害や洪水などの大きな被害が引き起こされてきた。日本は、傾斜が急な山が多く、台風や大雨、地震等が引き金となって「がけ崩れ」や「土石流」、「地すべり」などの土砂災害が発生しやすい条件のそろった国土である。さらに、近年は山の手入れが行き届かないため、森が保水力を失い、土がむき出しになることによって、より一層土砂災害が多発している。年間平均1,100件もの土砂災害が、全国各地で起きている。なお、日本には、土砂災害が発生するおそれのある区域が約66万区域もある。

3）洪水・急な大雨

堤防が決壊したり、河川の水が堤防を越えたりすることによって起こる氾濫を洪水という。洪水は一気に大量の水がまちに流れ込み、河川の近くでは、短時間に建物の浸水や倒壊が起こり、人的被害が出るという特徴がある。

急な大雨も、災害を引き起こす。休息に発達した積乱雲は、時に雷を伴って短時間に狭い範囲で激しく降る。降り始めから、わずか10分程度で河川が増水したり、低地や地下街、道路のアンダーパスなどで冠水したりして被害が出ることがある。

2008年７月に兵庫県神戸市で起こった都賀川水難事故は、活性化した前線の影響により７月28日14時44分からの突発的、局所的な集中豪雨によって起きた。都賀川や河川敷にいた16人が急激な水位上昇により流され、うち11人は救助されたが、５人が死亡した。

4）雷

雷は、１年中どこでも起きるが、主に６月から８月にかけて多く発生する。その特徴は、高い場所や高い物に落ちる傾向があり、雷の直撃を受けると約８割の人が死亡すると言われている。日本では年平均約20人が被害にあっている。

5）竜巻

竜巻は、日本では平均すると１年間に25個程度が確認されている。竜巻の発生する時期は、夏から秋にかけて多く、全体の70％を占めている。発生すると、短時間の間に家が破壊されたり、車が飛ばされたり、電柱や大きな木が倒れたり、それに伴い人が犠牲になったりして、大きな被害をもたらすことがある。

6）雪害

日本は、国土の半分以上が豪雪地帯で、約2,000万人もの人々が豪雪地帯で生活をしている。年間の死者は100人前後にも及んでおり、雪害の代表的なものとしては、雪崩、除雪中の転落事故がある。また、雪崩の危険個所は、全国で２万か所以上にものぼる。

「平成26年豪雪」では、関東・甲信越・東北地方など広い範囲で大雪になり、死者26名、重傷者118名に及んだ。

2　学校における防災対策

気象災害は、予想が可能なものが多い。そのため、大きな被害が予測される台風は、事前の休校措置が取られることがある。休校は校長判断となることが多い。洪水や土砂災害のハザードマップを確認し、校区や周辺における過去の災害事例についても共有しておく必要がある。

在校中や通学中の児童の被災リスクは休校によって回避できる。しかし児童の安全のためには、休校中に外出を控えることや、ひとりで自宅にいるときの行動についての防災教育を行っておくことが重要である。

また、同じく教職員の通勤や在校中の安全も確保しなくてはならない。自動車はエンジンに水が入ると停止してしまう。また、雪によって渋滞停車中に排気口がふさがれ、一酸化炭素中毒に陥る事故も発生している。

第６節　火山噴火

1　火山噴火のメカニズム

日本は環太平洋火山帯に位置し、世界の７％の火山を有する火山列島である。現在日本には、過去１万年以内に噴火活動があった「活火山」の数は111あり、地質調査の発見に伴って今後も数が増える可能性がある。うち、常時観測によって噴火を警戒している火山は約半数である。

火山の分布には差があり、近畿・四国地方などほとんど見られない地域もある。しかし、児童が将来首都圏で就職したり、結婚等によって居住地が変わったり、登山や温泉旅行に行くことも考えれば、国内におい

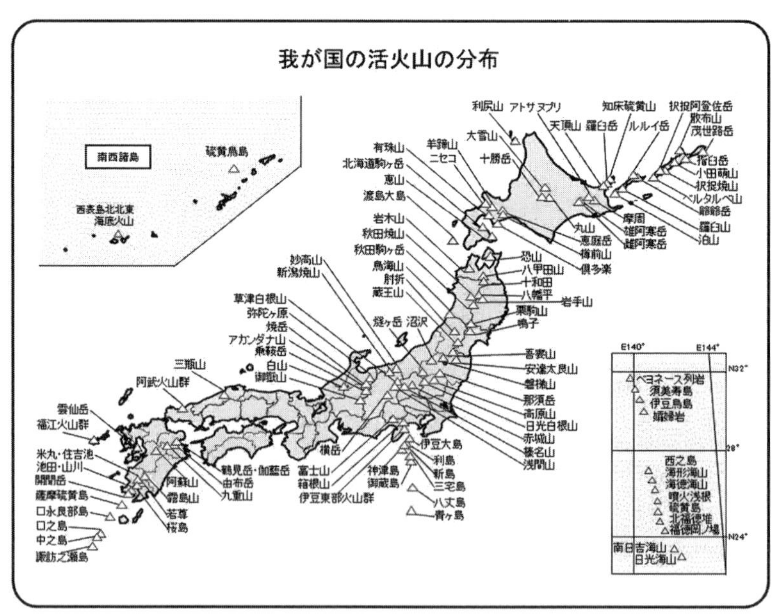

図３　我が国の活火山の分布（出典：気象庁 HP）

ては火山の知識も持っておく必要がある。

火山噴火は、地中のマグマが火口から出る現象であり、噴出物の形態や勢いや量は、マグマの粘度や量、含まれる水分量などによって異なる。水分はマグマで熱されて急激に体積を増やすため、水蒸気爆発を起こしやすい。高温や大きいあるいは大量の噴出物は被害をもたらす。

2　被害の出方

火山噴火による噴出物をまとめたものが次の図4である。

多くの場合、火砕物が届く範囲は4km 以内とされているが、火山灰は時には風に乗って100km 以上の広範囲に降ることもある。火山岩塊や火山レキは身体に当たると致命傷になるため、丈夫な建物の中に避難しなければならない。また、火砕流や火災サージは、数百度に及ぶ粉体や気体で、火口からの流下速度は時速100km を越える。そのため、火山噴火の際には一刻も早く飛来物から身を守り、避難しなくてはならない。

このように、火山は噴火が発生してからでは避難が間に合わず、深刻

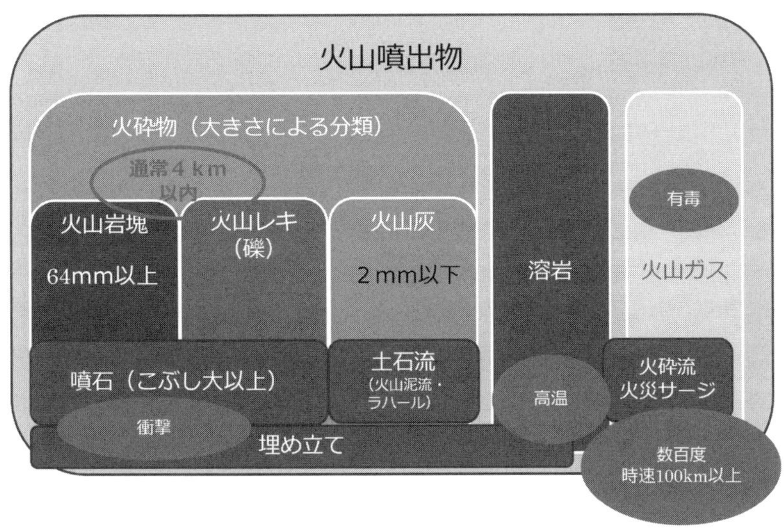

図4　火山噴出物（筆者作成）

種別	名　称	対象範囲	レベルとキーワード	説明		
				火山活動の状況	住民等の行動	登山者・入山者への対応
特別警報	噴火警報（居住地域） 又は 噴火警報	居住地域 及び それより 火口側	レベル5 避難	居住地域に重大な被害を及ぼす噴火が発生、あるいは切迫している状態にある。	危険な居住地域からの避難等が必要（状況に応じて対象地域や方法等を判断）。	
			レベル4 避難準備	居住地域に重大な被害を及ぼす噴火が発生すると予想される（可能性が高まってきている）。	警戒が必要な居住地域での避難の準備、災害時要援護者の避難等が必要（状況に応じて対象地域を判断）。	
警報	噴火警報（火口周辺） 又は 火口周辺警報	火口から 居住地域 近くまで	レベル3 入山規制	居住地域の近くまで重大な影響を及ぼす（この範囲に入った場合には生命に危険が及ぶ）噴火が発生、あるいは発生すると予想される。	通常の生活（今後の火山活動の推移に注意。入山規制）。状況に応じて災害時要援護者の避難準備等。	登山禁止・入山規制等、危険な地域への立入規制等（状況に応じて規制範囲を判断）。
		火口周辺	レベル2 火口周辺規制	火口周辺に影響を及ぼす（この範囲に入った場合には生命に危険が及ぶ）噴火が発生、あるいは発生すると予想される。	通常の生活。	火口周辺への立入規制等（状況に応じて火口周辺の規制範囲を判断）。
予報	噴火予報	火口内等	レベル1 活火山であることに留意	火山活動は静穏。 火山活動の状態によって、火口内で火山灰の噴出等が見られる（この範囲に入った場合には生命に危険が及ぶ）。		特になし（状況に応じて火口内への立入規制等）。

表１　噴火警戒レベル（出典：気象庁 HP）

な事態となるため、震動観測（地震計による火山性地震や火山性微動の観測）、空振観測（空振計による空振の観測）、遠望観測（高感度カメラ等による動画監視）、地殻変動観測（GNSS〈測位衛星〉、傾斜計等による地殻変動の観測）、磁力観測、熱観測、機上観測、火山ガス観測、噴出物調査などにより、いち早く噴火警報を出す取り組みが進められている。

火山の噴火警戒レベルは前頁の表１のとおりである。

3　学校における防災対策

火山噴火については、「活動火山対策特別措置法」（2015年12月施行）が整備され、活火山ごとに「火山防災協議会」「火山防災対策会議」が設置されている。これには住民対応だけではなく、観光客対応なども含まれている。

火山噴火リスクのある小学校においては、「噴火速報」「エリアメール・無線」の受信と発生時の対応について、これらの協議会と事前協議を行い、その対応を検討しておく必要がある。

参考文献

文部科学省「学校等の防災体制の充実について 参考資料５」https://www.mext.go.jp/a_menu/shisetu/bousai/06051221/003/005.html.（2023.11.30参照）

ユニセフ「災害時の子どもの心のケア　一番身近なおとなにしか出来ないこと」https://www.unicef.or.jp/kokoro/（2023.11.30参照）

日本子ども虐待防止学会 社会的養護ワーキンググループ「社会的養護における災害時「子どもの心のケア」手引き」平成23年３月

前林清和『社会防災の基礎を学ぶ－自助・共助・公助』2016年　昭和堂

日本建築学会『建築火災安全設計の考え方と基礎知識』2019年　日本建築学会

田中綾子『災害ボランティアの実践と心理』デザインエッグ　2019年

高橋正樹『火山のしくみ パーフェクトガイド：成り立ちから噴火、災害、恩恵まで、火山のすべてを大解剖！』2019年　誠文堂新光社

気象庁 HP

内閣府 HP

総務省 HP

コラム2

教職員のリスクコミュニケーション

災害発生のそのときに、教職員が校内に何人いるかは重要である。本文で触れたとおり、その場にいる者で優先すべきことから進めていく必要があるからだ。可能ならば全員が速やかに参集することが望ましいが、実際には教職員自身が被災するなどさまざまな理由で登校できない場合がある。たとえば、地震被害で道路や公共交通機関が使えなくなったり、たまたま飲酒していて運転できかったりすることも考えられる。しかし、教職員の参集をある程度予測する方法もあるので、校内で事前に情報共有しておくと良い。

まず、防災訓練や防災教育用に用いる校区のハザードマップよりも広い範囲の道路地図を用意する。できれば教職員の通勤圏をカバーできるものが良いが、数人だけが自宅が遠い場合もあるので、地形や道路や公共交通機関を確認できる大きさが適当だろう。その地図に、各教職員が自宅の場所にシールを貼っていく。地図より外に自宅がある人は、自宅がある方向の余白に貼る。次に、ハザードマップと照らし、水害や土砂災害で通行が困難となるエリアを書き込む。最後に、夜間に自分が登校できないリスクを付箋に書き、各自の自宅シール付近に貼っていく。夜間で乳幼児や介護の必要な家族がいる、公務員の家族がいて車が1台に限られる、などの懸念を書きだしておくのである。これを管理職が保管し、防災訓練のときには本部に貼って互いに見ておくことが、リスクコミュニケーションとして有効である。

第3章

防災マニュアルと訓練

Introduction

学校が安全な場所であるためには、校内にいる全員が、いざというときに適切な行動を取ることが重要である。小学校は、1年生から6年生まで発達段階が大きく異なる児童が集団生活を送る場であり、特別支援学級の児童には個々に応じた支援が必要となる。学校の規模は多様で、周辺の自然環境や社会環境も異なる。事前の備えがそれぞれの学校に合ったものでなければ、災害時に効率的で組織的な対応ができないばかりか、被害を拡大させてしまう恐れもある。つまり、防災マニュアルと訓練が形式的なものでは、児童や教職員を守ることができないのである。

この章では、防災マニュアルの作成や訓練の企画・実施について、情報の集め方から具体的な計画の作成、実施と改善のための振り返りまでを手順や事例を含めてまとめている。また、現場で発生しやすい課題とそれに対応した取り組み事例を紹介する。

防災マニュアルと訓練は学校の災害対策の基軸となるため、学校の実態に応じてアップデートしていこう。

第１節　防災マニュアル作成の意義

１　防災マニュアル作成の目的

学校における防災マニュアルの最大の目的は、災害時に児童教職員の命を守り、学校の速やかな再開につなげることである。この目的のためには、①事前の備え、②災害時の正しい判断、③それに基づく適切な行動が必要となる。これらを達成するために必要な情報を事前にまとめたものがマニュアルである。

２　良い防災マニュアルの条件

良い防災マニュアルとは、一言でいえば、災害時に「使える」マニュアルである。もし仮に、防災の専門家が豊富な知識を反映し、多くの災害発生パターンを網羅した、膨大なページ数の労作マニュアルが学校にあったとしても、それではかえって必要な情報を取り出すのに時間がかかってしまう。それよりも、勤務校のことをよく知り、児童の様子を理解している教員が、現状をふまえ、必要な情報を選んで作成するマニュアルの方が、はるかに価値が高いといえよう。Ａ小学校の素晴らしいマニュアルがＢ小学校にも使えるとは限らない。良いマニュアルこそ多様で、決まった型がないのである。

一方で、「使えない」マニュアルには共通点がある。ここでは、その例を示すので、具体的に使えなくて困る場面をそれぞれ考えてみよう。

【使えないマニュアルⅠ：汎用的なマニュアル】

単に作成義務があるからという理由で、マニュアルのテンプレートをダウンロードし、固有名詞を変更しただけでは、良いマニュアルにはならない。学校ごとに異なるリスクをふまえ、実情に合わせて作成する必要がある。学校のリスク評価については次節において詳しく述べる。

【使えないマニュアルⅡ：役割や事象や時間が固定されたマニュアル】

災害が事前に想定したシナリオ通りに発生するとは限らない。重要な役割の人の不在や想定範囲を超えることが現場では起こりうる。そのときに適用できないマニュアルは、かえって混乱や初動の遅れを招きかねない。たしかに、役割に関しては、ある程度専門性や得意なことを反映することは大切である。また、発生確率の高い状況への備えは当然重要である。しかし、特定の人や発生条件やインフラ等に依存するマニュアルでは、機能する条件が限られてしまうことを踏まえておきたい。

【使えないマニュアルⅢ：優先順位がわからないマニュアル】

災害時には行うべきことが大量に発生するが、対応できる人員は限られることが多い。その場合、優先すべき項目が明確でなければ、目的とは遠いことに貴重な労力を割いてしまうかもしれない。

【使えないマニュアルⅣ：時間短縮に貢献しないマニュアル】

災害時において、時間は貴重な資源である。物や鍵の場所、備蓄品の種類や数、連絡先リストなど、非常時の対応に必要な情報が揃っていなければならない。なお、効率的な実施のための訓練も必要である。

3　マニュアル作成の効果

良いマニュアルは、災害発生時に現場で対応する教職員の大きな味方となるだけでなく、判断に迷う場面への準備や事前の合意形成にも役立つ。管理責任者にとっても、誰もが一定の水準で判断・行動できることは、現場対応に一定レベルを期待するうえで欠かせないものといえる。

また、防災マニュアルは、作成後に使用者と内容を共有し、問題ないかどうかを相互に点検し、修正を加えなければならない。その過程を含めて考えれば、防災担当教員だけでなく、全教員の参画によって作成されることが、遠回りにみえて一番の近道なのである。

実際のマニュアルの項目については、内閣府や文部科学省をはじめ、多くの防災研究機関や教育委員会による、詳細な項目や作成の手法、留意点については、本章末に示す参考文献を参照されたい。

4　訓練との連動

防災マニュアルの意義に関連して重要なことは、防災マニュアルと訓練の内容は互いに連動するということである。訓練には、マニュアルの実現性を検証し、課題があれば改善につなげるという役割がある。

PDCAサイクルでいえば、図1のような関係となる。したがって、訓練はマニュアルに定めた内容の一部を切り出して実施することになる。

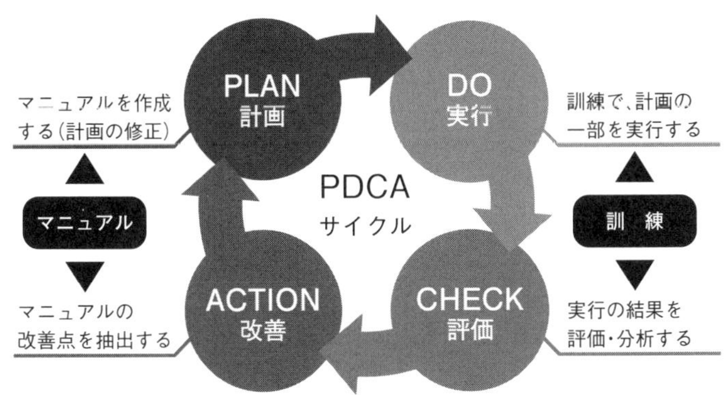

図1　マニュアルと訓練のPDCAサイクル（筆者作成）

5　見直しの必要性

防災マニュアルには定期的な見直しが求められる。見直しのタイミングは主に5つあり、第一に防災訓練によって改善の必要が生じたとき、第二に学校内の組織に変更が生じたとき、第三に社会や環境の変化によって新たな手法の導入が効果的だと考えられるとき、第四に地域における学校の役割が変わったとき、最後に、災害経験によって新たな教訓が見いだされたときである。新たな手法の例には、SNSの活用による保護者との情報共有や、マニュアルそのものの電子化、インターネットを通じた情報の収集などがあり、オフライン時のアナログ対応と並行し、かつ、個人情報等の取り扱いにも注意したうえで、導入が進められている。

年度はじまりの4月は、教員にとって業務が集中する時期ではあるが、異動によって通常時の組織体制に変化がある時期に合わせ、非常時の運営体制の確認だけでも実施することが望ましい。

第2節　学校のリスク評価

1　学校の災害リスクを知る

防災マニュアルを作成し、防災訓練を行うにあたり、まず行わなければいけないことは、自分の学校の災害リスクを知り、それを評価することである。

災害リスクを式に表すと、

災害リスク＝被害想定×発生率

となる。つまり、被害が大きいと想定される災害の発生確率が高いほど災害リスクが高くなる。ここでいう被害想定とは、次のようになる。

被害想定＝ハザード×社会の脆弱性

「被害想定」は、「ハザード（台風、豪雨、地震、津波など）」の規模や強さに「社会の脆弱性」を掛けたものである。「社会の脆弱性」とは、一般的には人口増加、都市化、高齢化、市民の防災意識の低さなどである。学校の場合、「社会の脆弱性」のところが、立地条件の悪さ、校舎の老朽化、防災設備の貧弱さ、防災マニュアルの未整備、防災訓練のレベルの低さなどである。

このようにみてくると、台風や豪雨、地震、津波などでどの程度の被害が想定されるのか、また起こる可能性がどの程度高いのかを調べて学校のリスク評価をすることが求められる。そして、リスクの高いハザードを中心に防災マニュアルを作成し、防災訓練を行うことが必要である。

2　ハザード別リスク評価

1）台風や豪雨の場合

台風や豪雨は、風害をはじめ、高潮や洪水、土砂災害などの災害を引き起こす。まず、風害であるが、風速30mを超えると家が倒れたり電柱が倒れたりしはじめ、50mになると木造家屋が倒れるほどの被害が出る。高潮や洪水では家が水没したり、流失したりする。さらに、急な傾斜地では土砂災害が起こり、家屋が倒壊する。台風や豪雨は毎年、全国各地で起こっている。特に、海や川の近く、山間部での災害リスクは高い。ただ、台風や豪雨などの気象災害の場合、事前に注意報や警報がでるため、その時点で休校にすることで、学校での災害リスクは小さくなる。

2）地震の場合

活断層がある場所は、地震の確立が高いといわれるが、活断層以外の場所でも頻繁に地震は発生しており、日本で地震が起こらないという安全な場所はどこにもない。地震については、災害リスクとして常に認識し、対策を講じておく必要がある。特に、住宅密集地や地盤の弱い所ではそのリスクは高まる。地震は気象災害とは違い、突然、発生するので休校などでリスクを軽減することができない。特に首都直下地震は、30年以内に70％の確率で発生するとされており、災害リスクは非常に高い。

3）津波の場合

海岸や河川の近く、あるいは海抜の低い所に学校がある場合は、津波のリスクが高い。ほとんどの場合、津波は地震によって起こるため、その予測はたたない。したがって、津波のリスクの高い地域に学校がある場合は、避難計画が特に大切である。なぜならば、津波は時間との勝負であり、津波が来襲するまでに、安全な場所に逃げ切ることが求められるからである。特に、想定される津波の高さが高い地域、到達時間が短い地域はリスクが高い。発生の可能性ということでいえば、南海トラフ巨大地震とそれに伴う津波（最大で34m、最短で２分来襲）は30年以内に70％～80％という高確率で発生するとされている。また、千島海溝・日本海溝沿い地震も大津波（最大30m、最短３分）を伴うが、その発生が切迫しているとされる。したがって、津波による災害リスクは全国的に沿岸部では非常に高いといえよう。

3　リスク評価をするために必要な知識

1）主なハザードについて知る

わが国は、災害多発国であり、様々なハザードが頻繁に発生している。特に、わが国では地震は阪神・淡路大震災以降、活動期に入っているといわれ大地震が頻発している。また、台風や豪雨は、気候変動の影響で激烈化し、頻度も多くなっている。少なくとも地震・津波、台風、豪雨、土砂災害の基礎知識を学ぶことが必要である。さらに、地域によっては、豪雪や火山噴火の知識も身につけておくことが望まれる。

2）学校や校区で可能性の高い災害とその被害想定を知る

地域のハザードマップを調べることが重要である。ハザードマップとは、自然災害による被害の軽減や防災対策のために作られた地図であり、被災想定区域や避難場所・避難経路などの防災関係施設の位置などが表示されている。したがって、ハザードマップを調べることで、学校や校区において想定される洪水の浸水域や土石流の範囲、津波の浸水域などと周辺の避難場所、避難所、避難経路などを知ることができる。

3）過去に起こった災害と被害を知る

地域で過去に起こった災害やその被害内容を知ることで、次に起こる可能性が高い災害を認識できる。また、その規模や頻度などもある程度、予測でき、さらに過去の災害の写真などの資料から被災状況をイメージすることができる。

4　ハザードマップを調べてみよう

1）ハザードマップの種類

ハザードマップには、紙媒体のほかデジタルのものもあり、国、都道府県、市町村が出している。また、NHK などの民間も提供している。

国土交通省の「重ねるハザードマップ」は、インターネットで公開されており、全国を網羅しているので非常に便利である。市町村が出しているハザードマップは紙媒体のものが各戸に配られている場合が多いが、近年は多くがホームページでも掲載されている。

また、ハザードマップは、ハザードごとに作成されており、表1のようなものがある。

2）ハザードマップで調べること

①　学校のある場所やその周辺の地形や川、海などについて調べる。

②　地域で発生するであろうハザードが起きた場合の危険エリアの確

認。そのエリア内に学校があるか、通学経路があるか、児童の家があるか、などを確認する。

③ ハザードの種類に応じた避難場所や避難する方向、避難経路の確認をする。

④ 災害時に通行規制のある道路などを確認する。

表1 主なハザードマップ

洪水ハザードマップ	洪水が発生した際の浸水範囲と深さが載っている
内水ハザードマップ	内水氾濫の範囲や深さが載っている
高潮ハザードマップ	高潮による浸水域や深さが載っている
ため池ハザードマップ	ため池が決壊した際の浸水域が載っている
土砂災害ハザードマップ	崖崩れ、土石流、地すべりの「土砂災害警戒区域」「土砂災害特別警戒区域」が載っている
地震ハザードマップ	想定される震度や液状化の範囲が表示されている
津波ハザードマップ	津波の浸水範囲、深さ、避難先、避難ルートなどが載っている
火山ハザードマップ	火砕流、大きな噴石、融雪型火山泥流などの範囲を示している

5 学校の災害リスクと時間帯

学校の場合、災害リスクは時間帯によって大きく変わる。学校が休みの時や児童の登校前、下校後など、学校に児童がいない時間帯の学校の災害リスクは小さい。しかし、そのことは同時に児童の災害リスクが高くなる。なぜなら、学校の施設は、校舎が頑丈であり、3階建て以上が多く、グラウンドがあり、教師がいるから、一般的には災害リスクは低い。その安全な学校に子どもがいないということは、子どものリスクは高まっているということである。そのため、学校以外に児童がいる場合も想定してリスク評価をしなければいけない。たとえば、登校、下校の際のリスク評価をすることが求められる。

第3節　防災訓練実施の意義

1　防災訓練実施の目的

「訓練」の対義語としてあげられる言葉に「講義」がある。講義が防災に関する知識を習得し、メカニズムやシステムを理解することが目的であるのに対し、訓練はマニュアル等で定めた行動が実際にできるようになること、あるいはその確認が目的となる。

災害時に求められる行動は児童と教職員で当然異なる。児童は自らの命を守り、誘導指示に従って速やかに避難することに集約されるのに対し、教職員は児童教職員の命を守り、学校の速やかな再開につなげるため、学校における災害サイクル（図2）の各フェイズに応じた役割を果たさなければならないからである。

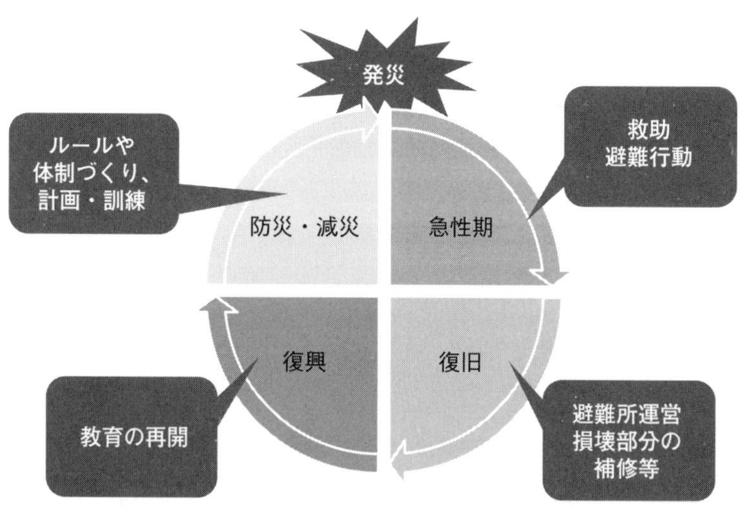

図2　学校における災害サイクル（筆者作成）

したがって、たとえ学校全体で同時に行う火災避難訓練であったとしても、学校の防災訓練の対象者は児童と教職員に大別され、それぞれの役割に応じた訓練目標を設定する必要があり、かつ、その訓練内容はマニュアルの一部を切り出したものとなる。

そして、マニュアルの課題や見直しが必要な点を抽出することが、訓練のもうひとつの大きな目的である。

2　防災訓練の評価

防災訓練は、実施する訓練の目標を対象者がどの程度達成したかによって評価する。地域で住民が主体となって行われる防災訓練においては、事故なく実施できたことや、参加率、住民同士のコミュニケーションが取れたことを成果とする報告をよく目にする。しかし、安全管理上の責任が明らかな学校の訓練評価指標を、それと同様に考えてはならない。どのような訓練メニューでも、マニュアルの実効性を高められたか、に照らして評価する。それは、個々の学校の安全を目的に、そのための手段としてマニュアルがあり、そのマニュアルの実行を目的に、手段として訓練があるという構造に根差しているからである。

学校には、年1回以上の避難訓練が法的に義務付けられているが、これは消防法第8条1項や消防法施行令第4条第3項によるもので、防火対象物となる建物一般と同程度の根拠に基づく。しかし、それでは最低限、年1回の避難訓練のみを行う学校もあり、実際の災害では役に立たないことが問題視されてきた。東日本大震災以降、東京都のように、避難訓練の実施回数として「幼稚園、小学校、中学校、特別支援学校においては年間11回以上、高等学校においては年間4回以上の避難訓練の実施」（学校・園における震災等に対する避難訓練等の改善について）を求める自治体もある。同文書においては、回数だけではなく、内容や質も要求している。

このように、訓練の質と量が自治体や教育委員会の防災意識の濃淡によって生じるのであれば、それがそのまま学校の安全性のバラつきに直結することとなる。児童には通う小学校の防災意識の差によって、安全格差が生じることとなり、災害によっては命に関わる事態となる。

防災訓練の真の評価は、実際の災害による被害という、非常に重い結果として突きつけられるものなのである。そうであれば、形式的なものではなく、できる限り実施効果の高い訓練を行いたいと考えるのではないだろうか。

3　最も効果的な訓練の手法

学校の防災訓練は、児童の防災学習を兼ねた避難訓練を中心としたものから、教員による本部設営訓練や応急手当・搬送訓練まで、中心に設定する課題によって多様なメニューが実施されている。その事例や工夫については後の節に述べるが、最も効果的な訓練の手法のひとつに抜き打ち訓練がある。

訓練と実際の災害対応には差異があり、完全に埋めることはそもそも不可能である。しかし、誰もが普段から訓練に感じているだろう予定調和的な流れを一蹴できるのが、一部の運営者を除いて実施日時や内容などが伏せて行われる抜き打ちでの実施である。

抜き打ち訓練の実施効果が高くなる理由は、主に2点ある。ひとつは、日時やシナリオを与えられない状況下での突然の訓練は、対象者の構えがないという点で実際の災害発生状況に近くなる。マニュアルの内容の周知や、行動の妥当性など、マニュアルと実際との対応力の乖離がチェックできることによる。もうひとつは、想定と実際の学校の日常との乖離を発見することができ、マニュアルそのものの問題点をより多く抽出できるためである。

しかし現実的に、実際に近い訓練になればなるほど、訓練そのもののリスクが大きくなったり、学校周辺に訓練を知らせず放送設備を使用することで、地域に混乱を招いたりする可能性も増す。そのため、児童がいる時間帯の完全な抜き打ち訓練の実施は難しいだろう。

抜き打ち訓練に限らず、より効果の高い訓練を実施するためには、実際の災害時に影響しあう地域も含めて平時から理解や協力を得ておくことに加え、入念な準備を要する。しかし、本番に備えて一部でも取り入れて効果を高めようとしている学校もあるので、その取り組みについても第6節に示しておく。

第４節　児童の避難訓練

１　学校での避難訓練

学校での避難訓練は、児童の命を守るために最も重要であり、教育課程の中に位置づけて、計画的に実施しなければならない。

また、学校の立地条件や地域の状況に応じて、防災マニュアル（災害対応マニュアル）に基づいて質の高い訓練を行うことが重要である。そのためには、年間、４～５回以上は実施することが望まれる。なぜなら、年に１回、２回程度では質の確保はできないからである。ある程度の量が確保できなければ、防災としての質を確保することはできない。たとえば、いくら質の高い火災の避難訓練を行っても地震の際には役に立たないし、授業中の避難訓練を行っても休み時間に災害が起こった際には役に立たないのである。

したがって、学校での避難訓練は、訓練の内容、訓練の対象となる災害、場面の違いを加味し、いかなる災害にいかなる場面で遭遇しても児童が安全に避難できる能力や体動を身につけられるように、可能な限り様々な訓練を行わなければならない。

なお、「水防法等の一部を改正する法律」（平成29年５月19日法律第31号）では、市町村の地域防災計画において、洪水浸水想定区域内、土砂災害警戒区域内の要配慮者利用施設に指定された学校は、避難確保計画の作成・提出及び計画に基づいた訓練の実施が義務づけられている。

２　避難訓練の内容

避難訓練には、次のように様々な内容がある。

１）安全確保と安否確認

災害が起きた際の安全確保の方法を児童に指導する必要がある。特に、地震の場合の身の守り方や雷の際の身の守り方を教える。また、ケガの有無や体調について確認する。

2）情報の収集、確認、伝達、報告

ハザードに関する情報、被害状況、予報などを迅速に収集し、確認、伝達、報告を行う。停電などの場合も考慮して実施する。

3）災害対策本部の設置

可能な限り、災害後早い段階で、現有勢力（その場にいる教職員）のなかで災害対策本部を設置し、組織的な活動を行う。

4）児童の避難誘導

児童の安全確保を行ったあと、最も安全な避難方法、避難経路を確認して、迅速に避難誘導する。

5）火災が起きた場合の初期消火

火災を想定する場合は、初期消火を迅速に行い、また中止して避難するタイミングについても検討する。

6）負傷者がいる場合の救助と応急処置

救助の手順、方法を確認し複数人で救助を行う。応急処置についても、その手順と方法を確認しつつ実施して、搬送も含めた避難につなげる。

7）保護者への連絡・引き渡し

保護者への連絡システムを構築しておき、機能するか確認しつつ連絡を迅速に行う。引き渡しは、引き渡しカードなどを用いて確実に行う。

8）備品・災害用品などの点検、使用方法の訓練

消火器やAEDの期限や作動確認をしつつ、その使用方法を身につけることを目的として訓練を行う。

9）点呼

安全な場所に避難した後、すぐに児童の点呼をとる。点呼の取り方は学年によって工夫する。

10）教職員の役割と行動確認

訓練を通じて、役割分担が適切であるか、各人がその役割をどの程度遂行できているかなどを確認する。

3　災害別防災訓練

1）地震

緊急地震速報を想定した場合は、緊急地震速報が鳴り、揺れが来るまでに安全確保を行う。また、校舎などの安全が確認された場合は、その場で待機する。安全が確認されない場合は運動場などに避難する。

2）地震・津波

津波をともなう地震を想定した場合、揺れが収まったら直ちに避難を開始する。第１次避難場所、第２次避難場所を設定し、第２次避難場所まで避難することを原則とする。

3）豪雨・豪雪

浸水を想定する場合は、校舎の上層階の安全な場所へ避難する。

4）急な大雨・雷・竜巻

屋外にいる場合を想定した場合、直ちに頑丈な建物に避難する。屋内の場合は、雷や竜巻、それぞれに対応した身を守る行動を行う。

5）火災

火元の近くを避けて、迅速に運動場など安全な場所に避難する。煙などに対する対応方法も実践しながら避難する。

4　避難訓練の想定場面

1）授業中

授業中を想定した場合、教職員と児童が同じ場所にいるため、教職員の指示のもと、最も安全で迅速な対応、避難が可能である。児童は、教職員の指示に従うことを原則とする。

2）登下校時

登下校を想定した場合は、児童のみの対応となる。災害の種類によって、避難場所や方法が違うので、事前に指導した後に実施する。たとえば、津波の場合、あらかじめ決められた高台や津波避難場所に避難する。その後、あらかじめ決めている連絡方法で安否確認を行う。

3）休み時間、始業前、放課後

教職員は、近くにいる児童に対して安全確保の指示・避難誘導を行う。児童だけの場合は、各自が適切な避難行動をとることを目指す。

4）帰宅後

事前に決めている連絡方法で児童、保護者に安否確認を行う。

5　避難訓練の工夫

避難訓練は、実践的なものでなくてはならず、また児童が真剣に取り組むように、その内容を工夫する必要がある。

1）リアリティのある防災訓練

避難経路に、「火災発生」や「人命救助」、「障害物」などを設置し、その課題に臨機応変に対応しながら避難場所に集合する。

2）率先避難型防災訓練

授業外に実施し、児童が各自、率先して避難して避難場所に集合する。

3）図上防災訓練

グループで、地図を見ながら、イメージを巡らし避難経路を考え、危険個所なども考慮に入れながら地図に記入していく。

4）あらかじめ知らせない訓練

訓練の内容や時間を示さないで、避難訓練を実施する。この場合、教職員には事前に知らせる場合と教職員、児童共に知らせない場合がある。

6　地域との連携

保護者や自主防災組織等の地域住民、消防団、消防署等と連携し、避難訓練を実施することが、児童の命を守る大きな助けになり、災害に強い地域づくりにも貢献することになる。たとえば、津波を想定し、近隣の学校や幼稚園と合同で高台への避難を実施する、通信障害の状態であらかじめ決めておいたルールに基づいて保護者への引き渡しをするなどがある。

第５節　教職員の防災訓練

１　学校における防災訓練の現状とあり方

学校における防災訓練は、以前から教師と生徒が一緒に行ってきた。それ自体は、訓練と教育という両側面の意義がある。しかし、実際には、柴田らの全国調査によると、教職員は防災訓練について、「内容がマンネリ化している」48.3％、「これでよいかどうか分からない」26.9％、「児童生徒の真剣みがない」22.1％、「内容が実践的でない」16.6％、「教職員の真剣みが足りない」9.4％と答えている。つまり、防災訓練の実態は訓練としても教育としてもその効果が低いといわざるを得ない。

学校の防災上の使命は児童の命を守ることである。そのためには、教職員が災害時に児童を的確、迅速に避難させることができるような知識と意識と行動力を持たなければならない。

２　防災訓練からみた組織のあり方

防災訓練を組織という視点から見た場合、学校はどのようにあるべきなのであろうか。防災訓練には、地域で行われるものの他に次の３つの種類がある。

１）会社型

これは、全てが成人であり、各人が自分の命は自分で守るということを前提とした組織である。もちろん、組織である以上は、リーダーや責任者はいるが、社員一人一人が協力して避難行動をとることが可能な組織である。なぜなら、もちろん全員が成人ということもあるが、日ごろからその会社に勤務しており、社屋の隅々まで熟知し、避難場所や避難経路も知っている。また、社内での人間関係も成立しており、お互いが協力して避難する能力も兼ね備えているからである。

したがって、会社型の防災訓練は、社員全員で実施することになる。

２）集客型

これは、ショッピングモールやホール、イベント会場、テーマパークのように、不確定多数の人が一時的に集まる場合である。このような場所は、客を迎える少数のスタッフ以外は、集まっているだけで組織ではなくその場限りの集団である。そのため、多くの客を迎え入れる企業は、災害が起きた際に、スタッフが客の命を守ることが使命である。なぜならば、その場限りの集団は人間関係もなく、その場所で防災訓練も行ったことのない人々だからである。

この場合は、災害時の避難行動という視点からみれば、避難誘導をするのがスタッフであり、それに従うのが客ということになる。

したがって、防災訓練は、企業のスタッフが多くの客を混乱なく迅速に避難させるためのもので、徹底的に行わなければならないのである。

たとえば、ディズニーリゾートは、2011年３月11日の東日本大震災が襲った日、激しく揺れるなか、「キャスト」といわれる従業員が、７万人もの来場客を救ったのである。それを実現させたのは、日常的に行われてきた防災訓練である。なんと、ディズニーリゾートでは、テーマパーク開園前もしくは閉園後の防災訓練を年間180回も実施しているのである。

３）学校型

学校という組織は、教職員と児童という立場や性質の違う人間の組織である。もう少し詳しくいえば、会社型のように日ごろから全員が学校という施設を共有し、人間関係も成立しているが、児童を教育し面倒をみる教職員と学習することを目的とした児童の組織という二重構造になっている。

このような組織では、災害が起きた場合、防災管理という立場からは、教職員は生徒の命を守ることを使命とすることを前提としなければならない。なぜなら、児童は必ずしも自分の命を守るだけの知識や能力を持ち得ていないからであり、大人に保護される権利を有しているからである。したがって、教職員は、「集客型」のように、児童の命を守るための知識と意識、行動力を有していることが求められるのである。一方、教育という側面からみると、教職員は児童たちに災害時に自分の命を守り、お互いが助け合う能力を身につけさせなければならない。そのためには、防災教育の一環として、児童とともに防災訓練を行う必要がある。ただ、この場合、教職員と児童が同じレベルの知識や態度で防災訓練を行うのでは、教育としての効果は薄い。少なくとも教職員がある程度の防災訓練の専門的知識や方法を身につけておくことが望まれる。

3　教職員だけの防災訓練の徹底

先に述べたように、児童の命を守ることは、教職員の使命である。たとえ、指示が通りにくい状態であっても全員の命を守る覚悟と能力が求められる。どういうことかといえば、たとえば、春先に災害が起きた場合、少なくとも新入生は防災訓練を一度も行ったことがなく、避難行動そのものを経験したことがないということも十分にあり得るのである。

そのような時にも、的確で迅速な対応ができるように、教職員はその自覚を持って、教職員だけの防災訓練を実施し、災害時の安全確保や避難行動、避難誘導、救助などの技術と指導方法について徹底的に学ぶことが求められるのである。そのためには、教職員だけの防災訓練は、年間を通じて定期的に何度も行うことが望まれる。

そのことが、児童とともに行う防災訓練において、教職員の指導のもと、児童が真剣に取り組むことにもつながるのである。教職員と児童が同じレベルでは児童が学ぼうとする態度は生まれてこない。防災や避難方法について高い見識を持ってこそ、児童は先生の言うことを真摯に聞くのである。

4　教職員だけの防災訓練の事例

教職員だけの防災訓練を定期的に行うと聞くと、非常に難しく考えがちであるが、工夫次第では容易に実施できる。ここでは、いくつかの例をあげておく。

1）職員の朝礼の時間を活用して

毎朝、朝礼が行われるが、１月に１回、10分程度の防災訓練を行う。内容は、10分程度で行える簡単なものでよい。たとえば、数名の指名された教職員が校内にある消火器の設置場所を確認するとか、危険個所を点検して報告するなど、教職員でアイデアを出し合って継続的に行うことに意義がある。

2）教職員だけの図上訓練

災害発生シナリオを作り、学校の見取り図を見ながら、どのように対応するかをグループで話し合い、発表し合うことで災害対応の仕方を検討する。

3）全校防災訓練の前に

児童と共に行う避難訓練の前日に、教職員のみで事前訓練を行い、防災マニュアルや避難場所、避難経路などを確認しておく。

4）管理職抜きの防災訓練

校長や教頭の管理職が不在という想定で、災害発生時にどのように対応し、児童を避難させるかを訓練する。災害時にリーダー不在という緊急事態に臨機応変に対応し、組織的にどのように行動すべきか、教職員一人一人が自分の役割を確認し、的確に行動できる能力を身につける。

5）専門家の指導のもとでの訓練

防災の専門家や研究者の指導のもと、最新の防災訓練の方法を学び、体験することで、教職員の防災力を高める。

第6節　訓練の実施と事例

1　計画

1）目標の設定

訓練には、児童と教職員にそれぞれ異なる目標の設定が必要となる。毎年、必ず実施される避難訓練においては、児童は指示に従って適切に避難できるか、教職員は適切な指示を行い安全に避難させることができるか、が目標の大枠となる。さらに具体的に「話さないを徹底させる」「何分以内に点呼を完了する」等の目標を立ててもよい。

しかし、教職員による訓練では、マニュアル記載の一部分を取り出して訓練を実施することになる。そして、訓練内容に応じて目標を立てることになる。たとえば「校内に被害が生じており、災害対策本部を設置する訓練」や「教室内で児童に応急手当が必要になった場合の訓練」など、確認・練習すべき項目は無数にある。毎年問題なく実施できる部分ではなく、課題がありそうな部分に取り組む必要がある。

2）実施のための調整（訓練日・場所の確保・連携）

訓練の内容と目標が決まれば、対象者や適した場所も想定できる。訓練日の確保は重要で、意外に難しい。実施日を通知し、校内行事として実施する場合は、前年度のうちから学年暦に組み込み、優先的に日程を確保することもできるだろう。しかし、地域と連携する場合、外部講師を依頼する場合は、年度の途中に実施日を設定しなくてはならないこともある。そのような場合は、既に決まっている校内行事のほかに学年・学級のスケジュールや連携先の事情を調整し、候補日をあげながら決定することになる。朝礼や職員会議などの機会に、こまめに進捗を共有し、問題ないか確認しながら進める必要がある。連携先には、訓練の意図や内容を伝え、放送の音響や入電の影響があることも知らせておく。可能であれば実施後のふりかえりへの参加も依頼しておくとよい。

抜き打ち訓練を実施する場合は、情報を共有するメンバーが限られるため、企画者が当日の校内予定の情報をできる限り集め、安全に実施できるように、また課題抽出につながる訓練のために、検討しておく必要がある。

3）準備

訓練の準備は、連絡や物品など多岐にわたるが、避難訓練計画書（案）を作成しながら進めれば、計画検討と実施準備と事後のふりかえり、校内外の情報共有において非常に役立つ。計画書は（案）として作成し、調整と合意形成ができたら（案）を取る。計画書には、訓練の目的、目標、対象者、日時、場所、内容、準備物、チェックリスト等、実施前準備から本番、終了後までの全体の流れを含めて作成する。特に、本番の流れは「シナリオ」として別途作成すると管理がしやすくなる。記録はふりかえりに必要となるため、特に課題があったところに焦点をあてて写真や動画で残しておきたい。

4）シナリオ作成

シナリオには、災害の設定（火災なのか地震なのか等）、場面の設定（季節、時間帯）、訓練中に使用される合図や放送内容、参加者の想定される行動などを時系列で記載する。

2　実践ワーク

地震を想定した模擬避難訓練を実施し、「避難訓練実施案」を作成してみよう。記載のひな型は次のものを活用してみよう。

1．目的　　地震を想定した非常災害から防災の意識の高揚を図るとともに、児童の安全な避難・誘導方法を確認する。

2．目標　　○教職員
　　　　　　○児童

3．日時　　20●●年11月●日（金）　午前9時50分（授業中）
　　　　　　当日は訓練を行い、事前指導は10月31日（●）までに各学級で行う。

4．想定　　地震及び建物の一部損壊

〈シナリオ〉

○地震発生

緊急校内放送①（教頭）

・地震発生：子どもたちへの指示は？

「訓練　訓練　・・・・・・・・・・・・・・・・・・・・・・」

（地震発生直後、全校に向けてどのようなアナウンスが必要ですか？）

○地震発生

教職員《学級担任》の動き・留意点は？

＊＊＊＊時間経過＊＊＊＊＊＊＊＊＊＊＊＊＊＊＊＊＊＊＊＊＊＊＊

○ゆれがおさまりました

緊急校内放送②（教頭）

・ゆれがおさまりました。

「　　　　　　　　　　　　　　　　　　　　　　　　」

（ゆれがおさまりました、全校に向けてどのようなアナウンスが必要ですか？）

○校舎内の損壊場所を確認

〈校内避難経路図〉

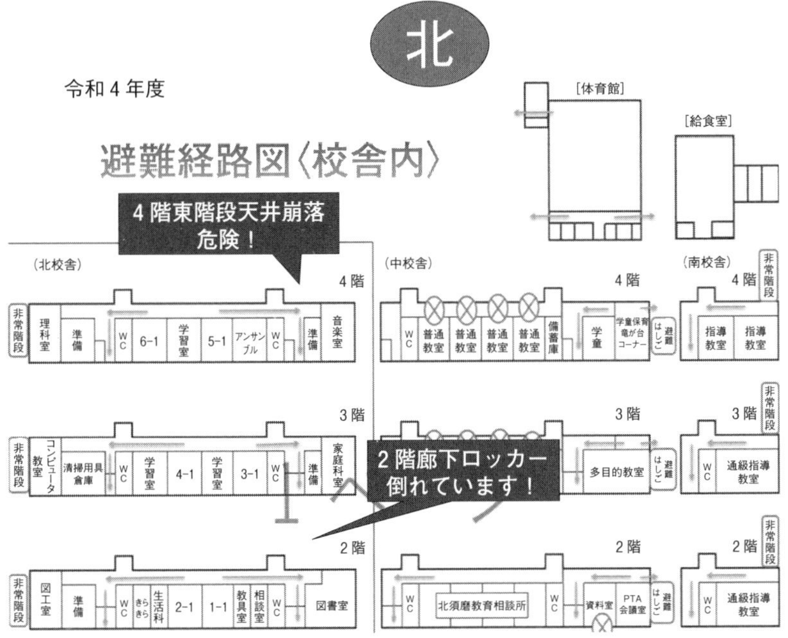

緊急校内放送③（教頭）

「　　　　　　　　　　　　　　　　　　　　　　　　　　　　　」

（校舎内の状況を把握しました。避難経路の指示はどのようにアナウンスしますか。）

○避難開始

教職員《学級担任》の動き・留意点は？

＊＊＊＊避難開始＊＊＊＊＊＊＊＊＊＊＊＊＊＊＊＊＊＊＊＊＊＊＊＊

○避難開始

教職員《学級担任》の動き・留意点は？

〈その時、教師はどう動くのか〉

シミュレーションを実際にやってみよう。

教頭	学級担任
1）緊急校内放送❶ ・地震発生 「訓練。訓練。・・・・」	○担任の指示・動き等
2）緊急校内放送❷ ・校内の状況調査 「校内の状況を・・・」	○担任の指示・動き等
3）緊急校内放送❸ ・避難経路指示 「東階段屋上が・・・」	○担任の指示・動き
	＊避難開始
	＊運動場避難完了

〈評価のポイント〉（具体的な評価項目は第４章参照）

教頭先生役

1）緊急校内放送❶

2）緊急校内放送❷

3）緊急校内放送❸

○学級担任役

1）地震発生後の指示・動き　　放送❶を受けて

2）次の放送指示までの指示・動き

3）放送❸を受けての指示・動き　　避難開始

4）避難開始から避難完了まで

○児童役

・教頭先生のアナウンスについての評価

・学級担任の指示・動きについての評価

3　応用編

訓練は、実際の場面に備えてさまざまなバリエーションが考えられる。

○年間に何回の避難訓練を実施するのか。

○災害の想定は？

・火災　　・地震　　・津波　　・土砂災害　・他には

○避難訓練をいつするのか？

・授業中　・休み時間　・他には

○他の条件は

・児童に予告する　　　　・児童に予告しない

・教職員に予告する　　　・教職員に予告しない

・不明児童、負傷児童を想定した避難訓練

○避難訓練の評価はどうするのか

・子どものふりかえり

・教職員のふりかえり

・学校内だけのふりかえりで良いのか

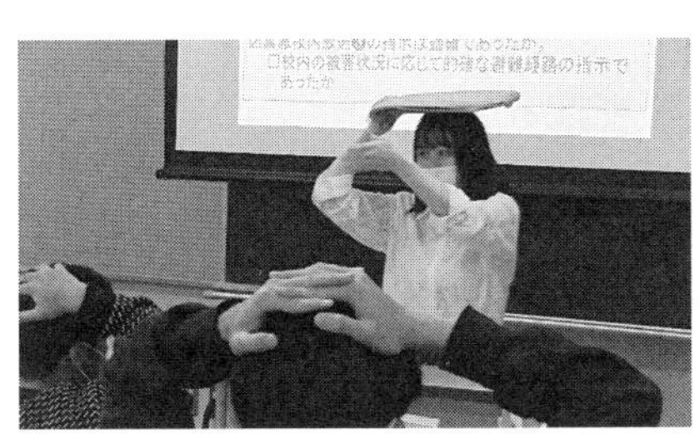
写真１　模擬訓練の様子

写真２　評価と改善のための意見交換

4　学校の特性に応じた工夫

訓練と実際の災害に乖離があれば訓練の効果が落ちるだけではなく、混乱を招く可能性もある。「災害時だけこうする」というのは児童にとって難しいことである。学校や校区の地理的特性、登下校のルール、保護者との連絡の取り方や引き渡しの留意点など、既存の、理由があって慣例・慣行となっていることと、マニュアル・訓練の中の児童教職員の動きに矛盾がないよう、整合性に留意しなければならない。

第７節　訓練のふりかえり

1　ふりかえりの目的

授業同様、訓練においてもふりかえりが重要である。先述のとおり、防災マニュアルとそれに基づいた訓練は、PDCA サイクルによって常に最適化を目指す必要がある。ふりかえりはその Check を担い、具体的には次の２つの役割を持つ。第一に、訓練によってマニュアルを実行するのに必要な技術の習得や点検が実施できたか、第二に、マニュアルの課題や修正点を抽出できたか、である。

2　児童の行動に関する評価

まず、第一に、訓練によって目標としていた行動がとれたかどうか、については、児童と教職員を区別して評価する必要がある。

多くの避難訓練において、児童の行動目標は次のように設定される。

□落ち着いて指示や放送を聞くことができたか

□自分の身を守る行動を取ることができたか

□話さず、走らず、スムーズに避難ができたか

児童に対して抜き打ち訓練を実施する学校においては、予期しない放送や指示に動揺し、理解はしているが実際には行動に移せないこともある。ふりかえりでは、児童が自らの言葉で避難行動の評価をする機会を設けることが、実施後の効果を高めることにつながる。

3　教職員による評価

児童の避難行動についての評価は、児童だけでなく教員によっても客観的に実施・分析される必要がある。児童の避難行動の課題を、その後の防災教育や訓練の繰り返しによって改善していくためである。

また、それ以上に、教職員の評価と課題抽出は重要である。無事に実施できた直後には緊張から解放され、改善点は些細なことに感じられるかもしれない。しかし、訓練によって発見された課題は、たとえ小さく

とも早期に摘み取っておきたい。物の位置がわからなかった、連絡が伝わらなかった、手順が非効率だった、それらのちょっとした不具合が、災害時の過酷な状況においては何倍もの時間や労力を節約することになる。ハインリッヒの法則では、１つの重大な事象の背景には30の軽微な事象があり、さらに300のヒヤリハットがあるという。訓練において発見できた課題は幸いなこと、訓練の意義があったと評価し、教職員の気づきが新鮮なうちに、できれば当日中に教職員間で共有されることが望ましい。

4　教職員研修への内発的動機づけ

学校の防災訓練を担当される先生から時折相談を受ける内容に、次のようなものがある。

◆一部の教員しか防災のことを考えていない
◆正規の教職員しか防災訓練に参加しない、マニュアルが共有されない
◆マニュアルをしっかり読んでくれる先生が少ない

災害時には全員が当事者となる教職員が、災害対応をわが事として取り組むかどうかは、学校の防災力に大きく影響する。いくら防災担当教員が熱意をもって取り組んだとしても、多くの教職員が当事者意識に欠ける場合、組織の負担となることさえある。

関心の低い教職員の参画を促す機会として、訓練後のふりかえりは有効である。なぜなら、訓練によって見いだされた改善点は、その後、教職員を対象とする防災研修やマニュアルの見直しという工程へと進む。参加直後に当人が気づいた点を発言してもらい、それらを反映していくことが、当事者意識を醸成する絶好の機会となりうる。校内の防災意識を平均的に高めておくことが、防災マニュアルの実現性を高めることにもなるのである。

第８節　訓練をふまえた教職員研修

１　防災研修の必要性

防災にこれで完璧というものはない。常に、次に起こるであろう災害をイメージし、その被害をどれだけ少なくできるか、そのための訓練はどのようなものかを追求していかなければならない。それが、児童の命を預かる教職員の使命である。

これまでの本章の流れをみれば、自ずとわかるように、本節はPDCAのうちのA、つまりアクションである。防災マニュアルに基づいて実際に防災訓練を実施し、それを評価したうえでのアクションなので、評価に基づいて防災マニュアルをどのように見直し、改変するかということになる。

ここでは、その作業を行うにあたって、マニュアル（P）に基づいて行われた訓練（D）の評価（C）によって、抽出された課題をどのように教職員研修に取り込み、どのように改善していけばよいのか、そしてそれを次の防災マニュアルの改変（A）にどのようにつなげればよいのかを考えてみよう。

２　研修のための環境整備

忙しい毎日を送る教職員が研修を受けたり、開催したりすることは個人ではなかなか難しい。文部科学省が、「各学校においては、学校安全計画に教職員の研修を位置付け、事前、発生時、事後の三段階の危機管理に対応した校内研修を行うことが求められます。その際、上記の研修で提供された最新の情報を全教職員が共有できるよう、校務分掌中に学校安全の中核となる教員を位置付け、研修の推進役としての役割を担ってもらうなど、校内体制の整備も必要です。」と述べているように、校内の防災研修体制を整備し、定期的継続的に研修を行える環境を整えることが重要である。

さらに、校内研修に止まらず、複数の学校での合同研修や学外での研修への参加などを通じて、教職員は防災に関する知識と児童を守る実践力を身につけ、さらに、その能力を児童への防災教育へとつなげていかなければならない。

3　知識に関する研修

防災に関する知識は、多ければ多いほどよい。なぜなら、災害の種類は非常に多く、なにより予想外の規模、被害がでることが多々ある。したがって、命がかかった中での臨機応変の対応が求められるため、正しい知識が多いほど判断の精度が高まるのである。そのためには、最新の防災やハザードに関する情報を学ぶ必要がある。たとえば、洪水による浸水を防ぐ耐水害住宅やSNSを活用した安否確認、ローリングストック法などの最新防災情報や千島海溝・日本海溝沿い地震が切迫しているという災害情報などである。

また、地域のハザードマップと地域防災計画を関連させることで、地域で起こるであろう災害とその対策が見えてくる。それを図上訓練で「見える化」していくなどの研修も役に立つであろう。

このような知識を個人だけではなく、教職員全員が共有することに学校防災としての意義がある。

4　組織に関する研修

防災訓練で立ち上げた災害対策本部や安否確認、避難誘導、安全点検、消火、救護、保護者連絡などの業務分担チームが効率よく機能したか、また各メンバーがフレキシブルに機能したか、問題はどこにあったか、などを検証し、臨機応変にチームやメンバーそのものが機能する組織に改良することを目指さなければならない。具体的には、必要なくなったチームは解散し、必要となったチームは立ち上げるというように効率的に組織を変更していかなければいけない。また、チームのメンバーは固定ではなく、災害が発生した時点で児童が周りにいる教職員は児童の安全確保を行い、その他の教職員でチームを編成するといったフレキシブルな対応ができなければ実際の災害では機能しない。

さらに、防災訓練を実施した際に、一人一人の教職員が自分の役割を自覚し、責任を持って遂行できたか、また全体としてうまく機能したか、などを検証することも大切である。

5　防災訓練の内容と方法に関する研修

防災訓練の内容が、実際の災害に即したものになっていたか、また役立つか、などを検証しなければならない。たとえば、授業中に地震が発生したという想定で、ゆれが止まった後、児童を運動場に移動させて点呼をとるという内容の避難訓練をしたとして、それが本当に良いのかということを検証し討論する必要がある。このような内容は伝統的にほとんどの学校で行う地震の際の避難訓練であるが、校舎が耐震化されている場合、運動場までの移動の間に大きな余震がきたり（特に上層階の教室は危険）、児童がパニックになったりすることを考慮すれば、教室でそのまま待機した方が、安全で教員が児童を管理しやすいのである。

また、防災訓練の方法についても、可能な限り児童が主体的に判断して行動したり、興味を持って取り組んだりできるような工夫が必要である。たとえば、休み時間中の避難訓練で教師があらかじめ児童の中のリーダーを決めて、その児童の指導のもとあらかじめ教えておいた避難経路で避難する、といった訓練は、予想通りの「うまくいった訓練」にはなるが、災害時の主体性や判断力は身につかない。安全が確保されている範囲でシナリオなしの訓練を行い、「うまくいかなかった訓練」、「うまくいった訓練」を体験することで、主体性や判断力が身につくのである。ただし、訓練後、振り返りを十分に行うことが前提である。

このように、児童が災害をわが事にするような訓練を工夫していくことが求められるが、そのためには教職員が災害をわが事にしなければならない。

6　教員だけの防災訓練としての研修

防災訓練をふまえた上記のような様々な研修をする中で、新たに出てきた課題に対する解決策や改善点をもとに再度教員だけの防災訓練を研修の一環として行う。

研修の中での討論や意見交換で出てきた課題やその解決策、改善策は、研修参加者の意見の総意であり、合意形成ができている。それを訓練というかたちで実践してみることで、さらに解決策や改善策に確信が持てたり、さらなる工夫が必要であったりする。このような理論と実践の共有が教職員同士の信頼感と結束力を強化していくことになる。

7 防災マニュアルの見直しの研修

先に述べたように、「訓練をふまえた教職員研修」の位置づけはPDCAサイクルのAである。したがって、その目的は、防災マニュアルの見直しに基づいたレベルアップ、改訂である。

そのためには、防災マニュアルの見直しを研修として行う必要がある。様々な研修を行う中で得た知見やアイデアをもとに、全ての教職員が参加してマニュアルの内容を見直し、意見を出し合うことで、自分たちのマニュアルとしてのオリジナリティが生まれるのである。

そして、研修後に、数名の教職員でプロジェクトを組んでマニュアルを作成することで、わが事の防災マニュアルができ上がる。

このように、様々な場面で合意形成がなされていれば教職員に信頼関係が醸成され、災害時に組織的に児童を守ることができるのである。

参考文献

文部科学省「学校防災マニュアル（地震・津波災害）作成の手引き」https://www.mext.go.jp/a_menu/kenko/anzen/1323513.htm（2022. 12. 24参照）

兵庫県教育委員会「学校防災マニュアル（令和元年度改訂版）」https://www.hyogo-c.ed.jp/~kikaku-bo/bosaimanual/index.html（2022. 12. 24参照）

内閣府「防災スペシャリスト養成」企画検討会第４回資料１－３－２「防災行政概要」（修正版） https://www.bousai.go.jp/kaigirep/kentokai/bousai_specialist2/11/PDF/shiryo1-3-2.pdf（2022. 12. 24参照）

学校・園における震災等に対する避難訓練等の改善について　東京都区市町村教育委員会指導事務主管課長発信文書（平成25年２月７日24教指企第1066号）ht

tps://www.kyoiku.metro.tokyo.lg.jp/static/reiki_int/reiki_honbun/g170RG00004388.html（2022. 12. 24参照）
齋藤富雄『「防災・危機管理」実践の勘どころ』2020年　晃洋書房
兵庫県教育委員会「学校防災マニュアル（令和元年度改訂版）」2020年
柴田真裕、田中綾子、諏訪清二「学校現場における防災マニュアルと防災訓練に関する調査研究―全国規模調査から見た現状について―」防災教育学研究 2－2　2022年
文部科学省「学校防災のための参考資料（2013年 3 月改訂版）」https://anzenkyouiku.mext.go.jp/mextshiryou/data/saigai03.pdf（2022. 12. 24参照）
文部科学省「学校の危機管理マニュアル作成の手引き」2018年

コラム３

訓練と実際の災害対応の差異をイメージする

学校における全ての訓練は、当然、安全な実施が重視される。とりわけ児童が参加する避難訓練での事故発生は避けなければならないし、教職員がけがをすることがあってはならない。安全な訓練実施のための準備が、そのまま学校の防災力向上につながることもある一方で、それこそが訓練の限界であるともいえる。

たとえば、突然の震度５以上のゆれに対する児童の反応、ガラスや落下物が飛散した教室での応急手当、火災によって煙が上部に漂う廊下を誘導し脱出するときの視野、片足をけがした状態での階段避難、水道水が使えない環境での炊き出しやトイレの設営など、実際には起こりうるが、安全上や衛生面、予算や実施時間の確保に課題があって再現できない事象は多い。

そこで活用したいのが、防災機関や自治体が設ける体験機会や、災害に関連する映像である。参考のため、巻末に主な防災研修施設や映像等の情報サイトや、学生の体験の様子やコメントを掲載したサイトのQRコードを示している。

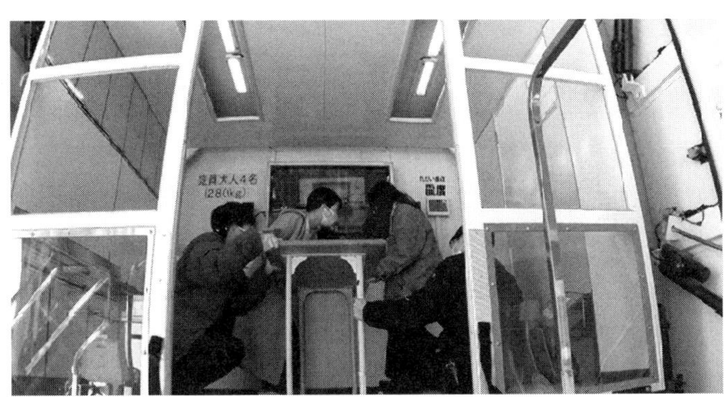

起振車で震度７のゆれを体験する学生

第4章

防災教育

Introduction

教員の役割は、教科指導・学級運営・生徒指導・保護者対応等多岐にわたる。しかし、最も重要視するべき教員の役割は、児童・生徒の安全、つまり児童・生徒の「命」を守るということであろう。「分かる授業」を創造することの大切さと共に、教員を目指す学生には、児童・生徒の安全をまずはイメージし、実践できる資質・能力を育てていきたい。

阪神・淡路大震災を経験した兵庫県、神戸市の防災教育の現状はどのようなものであろうか。決して充実した内容を継承しているとは言い難い現状がある。阪神・淡路大震災からの教訓が次の世代に受け継がれていない現状がある。

南海トラフ巨大地震発災時を想定した「防災教育」はもちろんのこと、「防災教育」での学びを、日々の教育活動で起こりうるリスクを鋭く見抜く感性とそのリスクを勇気をもって取り除く実践力を育てていきたい。「防災教育」には、自然災害への対応だけでなく、日々の教育活動の中に潜むリスクにも目を向ける力がある。

この章では、令和4（2022）年度の「特別研究Ⅱ　防災教育演習」の実践をもとに学生の成長をまとめる。

第１節　防災教育～「特別研究Ⅱ　防災教育演習」の取組から～

児童の安全・安心を守る教員にとって「防災教育」は身に付けるべき資質・能力の一つである。しかし、阪神・淡路大震災を経験している兵庫県下の公立学校でも、ほとんどの学校では充実した「防災教育」が実践されているとは言い難い状況がある。

将来、教員を目指す学生を養成するために、教職課程において、災害安全管理能力を育成するためにはどのようなプログラムが必要なのか、令和４（2022）年度の「特別研究Ⅱ　防災教育演習」の実践の記録を紹介する。

下記は、関西国際大学で令和４（2022）年度秋学期に実施した「特別研究Ⅱ　防災教育演習」のシラバスである。この科目は、災害安全管理能力と防災教育能力を育成するための科目として、試行的に開講され、累計19人（２年生３人、３年生７人、４年生９人）の学生が受講した。

17.　授業の目的と概要	【目的】 この科目は、学校園や施設等のセーフティ・マネージメントに関して理解し、防災・減災に関しての方策を具体的に提案できる力を身に付けることを目的とします。 【概要】 ○過去の我が国で発生した自然災害の概要について、被害と復興の事実を知る。 ○学校園・施設での避難訓練について考え、自然災害に応じた避難訓練を立案する。 ○避難所についての理解を深め、避難所運営について考える。 ○学校園での防災学習を計画・立案し、指導計画を作成することができる。また、指導計画をもとに模擬授業及び出前授業を行う。 ○地域防災に積極的に関わり、地域総合防災訓練等に参画する。
18.　学習目標とDPとの関連	本科目の学習目標は、学位授与の方針の①自律性　⑥専門的知識・解決力に関係する。 （１）災害発生メカニズムとその対策を理解し、児童の発達段階に応じた授業ができる。 （２）目的に適った防災教育教材を作成することができる。 （３）防災教育に関する新しい情報や資料を入手し、活用することができる。
19.　教科書・	①適宜、資料を配付します。

教材	②その他関連サイトのURLや関連資料について授業中に適宜紹介します。	
20. 参考文献		
21. 成績評価	評価の方法と配点は次のとおりです。 ・毎時間の活動ワークシートの作成 20%【学習目標（1）（2）（3）】に対応 ・課題1：「避難訓練案」立案 20%【学習目標（2）（3）】に対応 ・課題2：「避難所運営で大切にしたいこと」 20%【学習目標（2）（3）】に対応 ・課題3：出前授業に向けて、活動案・板書計画の作成 20%【学習目標（1）（2）（3）】に対応 ・最終レポート　20%【学習目標（1）（2）（3）】に対応	
22. コメント	日本は、阪神・淡路大震災や東日本大震災などの地震・津波、雲仙普賢岳、御嶽山での火山災害などが多発しています。また近い将来、南海トラフ巨大地震の発生も予想されており、世界的にも先進的な防災・減災対策、被災地の復興施策が展開されてきました。この科目では、災害の教訓伝承としての防災教育に注目し、学校園・施設での避難訓練・自然災害発生時の避難所設営・運営を実践的に学んでいきたいと考えています。また学修の総和として小学校への防災出前授業に取り組みます。	
24. 授業回数	25. 授業内容	26. アサインメント（宿題）など
		教室外学習（予習、復習）、教室外グループ学修、提出物、持参物など
第1回	○オリエンテーション ・本科目の目標、概要、評価について ○我が国の自然災害の概要 ・阪神・淡路大震災について ・東日本大震災について	○毎回パソコンを持参すること ○グループワークには360°カメラ等ICT機器を活用します。
第2回	○小学校での避難訓練① ・自然災害を想定した避難訓練の現状と課題について	
第3回	○小学校での避難訓練② ・GW：自然災害（地震・津波・土砂災害等）を想定した避難訓練の立案	○PC持参のこと
第4回	○小学校での避難訓練③ ・自然災害（地震・津波・土砂災害等）を想定した避難訓練案についての発表 ・評価及びふりかえり	【今回の復習】90分：授業ノートをまとめる 【次回の予習】90分：避難所の課題についてwebサイトから情報収集する 課題① 「避難訓練案」立案

第5回	○避難所運営について① ・阪神・淡路大震災発災時の避難所について現状と課題	
第6回	避難所運営について② ・HUG（避難所運営ゲーム）から避難所運営について考える	
第7回	避難所運営について③ ・GW：自然災害発災時の避難所運営まとめ ・学校再開について	課題② 「避難所運営で大切にしたいこと」
第8回	○小学校での防災学習出前授業に向けて① ・小学校での防災教育の現状 ・防災学習についてのビデオ視聴	
第9回	○小学校での防災学習出前授業に向けて② ・防災学習かるた ・クロスロードゲーム ・防災リュックをつくろう	
第10回	○小学校での防災学習出前授業に向けて③ ・GW：出前授業に向けて活動案作成	課題③ ・活動案・板書計画の作成
第11回	○小学校での防災学習出前授業に向けて④ ・教具の作成 ・GW：活動案に基づいた模擬授業の実施 ・活動案の修正等	
第12回	○小学校での防災学習出前授業に向けて⑤ ・出前授業の実施 ・出前授業評価とふりかえり	
第13回	○尼崎市立小学校での出前授業	課題④ ・レポート「出前授業を通して学んだこと」
第14回	○出前授業ふりかえり ・指導案の修正 ・課題の抽出	
第15回	○まとめ、ふりかえり ○最終レポート作成	

第２節　「防災教育演習」参加学生当初の意識

1　「防災教育演習」で何を学ぶか

・１年生の人間学Ⅱ「リスクマネージメント」の授業で、「釜石の奇跡」や、反対に生き残ることができなかった学校の存在を知り、教員の判断次第で多くの命が左右されることに恐怖を感じた。私は怖がりで驚きやすいため、少しでも防災について学ぶことで、いざという時に冷静な対応、適切な判断ができるようになりたい。

・まずは、阪神・淡路大震災の過去の被害から防災の知識を増やしたい。今後起こりうる南海トラフ地震やその他の自然災害に少しでも迅速に行動できるようになりたい。

・地域など様々な場で防災について話したりすることがあるので、その時にどういうやり方をしていけば効果的にできるか教育から学びたい。

・「防災教育演習」ということで、より体験的な学びがあると思った。防災士の資格取得からそのような経験が一度もないため、現場の教員として働き始める前に、防災や安全について指導力を培いたいと思う。

・私の地元では、過去に大きな自然災害が起こり、今後も南海トラフ地震で大きな被害がもたらされると想定されている。少しでも多くの命が助かるためには、一人ひとりの防災意識を高めていく必要があると思う。「防災教育演習」では、防災教育について詳しく学び、教員になったときに活かしていきたいと思う。

2　「防災教育演習」でどのような力を身につけたいか

・防災の知識はもちろん、避難方法や防災時の対応を児童に分かりやすく伝える力。一つのことを考えて動くのではなく、起こりうる様々なリスクの関係性まで考えて判断する力。自然災害だけでなく、不審者や学校内の事故にも備える知識や力。

・様々な自然災害に対する知識や行動力／冷静に落ち着いた判断力。
・人に伝えるにあたって、自分の知識や様々な年齢や場において、分かりやすく伝える力。
・知識や技能については、防災士の資格取得の際にある程度身につけた。その知識や技能を児童に伝え、自然災害が起こった時に行動できる思考力、判断力を身につけたい。
・防災教育をする上で大切なこと。

第3節　演習1-①～避難訓練を考える～

学生は、小学校・中学校・高等学校・大学と避難訓練を経験している。そのイメージは、形骸化し、「やらされている」という受け身のイメージが大半を占めている。

ここでは、「避難訓練」は教職員のための訓練という意義を前面に打ち出し、学校園で実施されている訓練内容を批判的に捉え、改善点を考えさせていった。

1　避難訓練実践ワーク

避難訓練実作成

1．目的	地震を想定した非常災害から防災の意識の高揚を図るとともに、児童の安全な避難・誘導方法を確認する。
2．目標	・教職員 ・児童
3．日時	2022年11月○日（金）　午前9時50分～10時15分（授業中） 当日は訓練を行い、事前指導は10月31日（月）までに各学級で行う。
4．想定	地震及び建物の一部損壊

・学生のシナリオ（小学校教員志望A）

《全体指示》	《教職員の動き・留意点》
地震発生	
○緊急校内放送①《教頭》 「大きな揺れが起きています。机の下に潜って机の足を掴むなど自分の安全を守りましょう。」	○揺れを感じた直後 「地震が起きています。机の下に潜りましょう。机の足をしっかり掴みましょう。」 ・放送中に、当日の出欠状況と現在の離席の有無状況を頭の中で整理する。
○緊急校内放送②《教頭》 「一旦揺れが落ち着きました。児童の皆さんは油断せず、先生の指示を聞いて安全な行動を取りましょう。先生方は校内の状況を確認して職員室まで報告をお願いします。」	○放送②の後 「けがをしている人はいませんか？　近くの人同士でも確認してみましょう。」 ・教室を見渡し、その時間に教室にいるはずの児童（欠席や特別支援学級、通級児童を除く）が全員いるか確認する。 ・学級児童数から欠席や特別支援学級や通級で授業を受けている児童を除いた人数をパニックにならないようメモしておく。
○緊急校内放送③《教頭》 「校内の状況を伝えます。北校舎４階東階段天井が崩壊、北校舎２階東階段付近のロッカーが転倒しています。」 「１年生、３年生、５年生は西階段を使って、２年生、４年生、６年生は非常階段を使って全員運動場中央に避難しましょう。１年生、３年生、５年生は西階段を使って、２年生、４年生、６年生は非常階段を使って全員運動場中央に避難しましょう。」	
避難開始	○放送③の後 「放送にもありました、３年生は、西階段を使って今から運動場に避難します。それでは、廊下に出た人から２列に並びましょう。」

避難中	○廊下に全員出た後 「今から西階段を使って運動場に避難します。」
運動場中央に避難完了	○運動場中央に到着後 ・人数確認と教室で書いたメモの人数が一致しているか確認する。 ・念の為、もう一度落ち着いて、地震発生時にいるべき児童数を計算して、メモの人数があっているか確認する。 ・人数確認後、避難状況と負傷者の状況を管理職に報告する。

・学生のシナリオ（小学校教員志望E）

《全体指示》	《教職員の動き・留意点》
地震発生 ○緊急校内放送①《教頭》 「地震です。机の下に隠れて自分の身を守ってください」	・落ち着かせる声かけをする。 「落ち着いて、大丈夫だよ」 ○大きな声で指示を出す ・放送を聞くよう声をかけ、机の下に隠れて頭を守るよう指示をする。 「机の下にも潜りなさい」
○緊急校内放送②《教頭》 「揺れがおさまりました。大きな揺れがあったので、学年主任の先生方は校内の状況を確認し、教頭まで報告してください。」	
○緊急校内放送③《教頭》 「２階東階段近くの廊下のロッカーが倒れて通れません。また、４階東階段の天井が崩れています。各学年の避難する階段を伝えます。２・４・６年生は非常階段から、１・３・５年生は西階段を使って運動場に避難してください。」	
避難開始 ○廊下に並び、人数確認をする	・紙の名簿を用意しておく。
避難中	
運動場中央に避難完了	○大きな声で落ち着いて指示を出す

	「勝手にトイレや教室に行ってはいけません」

2　シナリオに基づくロールプレイ

・「避難訓練」ロールプレイ評価

《教頭先生》

☑緊急校内放送①の指示は適確であったか。

□声の大きさ、話すスピード

□地震発生時の指示（机の下・頭を守る・ゆれがおさまるまで動かない）は適確であったか

☑緊急校内放送②の指示は適確であったか。

□校内の被害状況の確認は適確であったか

☑緊急校内放送③の指示は適確であったか。

□校内の被害状況に応じて的確な避難経路の指示であったか

《学級担任》

☑地震発生時

□地震発生時の指示（机の下・頭を守る・動かない）は適確であったか

□児童のパニック防止への言葉かけは適切であったか

□担任が率先して自分の身を守る行動をとったか

☑避難準備

□放送を静かに聴かせることはできたか

□負傷者の把握はできたか

□揺れが収まった後の避難準備の指示は適確であったか

□大きな声で、落ち着いて指示を出すことはできたか

□人数確認は名簿等をもとに正確にできたか

☑避難中・避難完了

□「おはしも」の約束を守った避難ができたか

□人数確認は名簿等を基に正確にできたか➡本部に報告はしたか

□負傷者の傷病状況の把握はできたか➡本部への報告はしたか

3　「避難訓練」ふりかえりから

・実際に自分たちが教頭役、担任役、児童役をすることで、大学生でさえ頭を守るのを忘れている人がいる。小学生には、繰り返しアナウンスすることの大切さを実感した。教育実習では授業の準備と同様に紙などの文面で満足するのではなく、実際にやってみることで細かい点に気付くことができた。また一人の視点で考えるのではなく、今日は６人でそれぞれの気づきを共有し合ったことで、一人では気づかなかったことに気付き、改善案を作成することができた。

・避難訓練案の修正や実際に模擬訓練として行うことでより具体的な改善をしなければならないところを見つけることができた。訓練を行うことの重要性はもちろんだが、まとめやふりかえり、評価を行うことで、次の訓練の課題や伸ばせるところを見つけ、改善していけるのだと感じた。実際に自分も行ってみて、子どもたちへの伝え方や移動の仕方、声のかけ方など、工夫しなければならないことが多く、勉強になった。

・教頭役として、学級担任、児童に対して、繰り返し大事なところを伝えることが大切だと感じた。学級担任が見本を見せながら、あかんところは個別に声かけをしながら、クラスを守っていければと思った。また、学級担任が声かけをしている時に放送が来た場合を考えて端的にまとめて伝えるよう準備しておくことが必要である。

・実際に模擬避難訓練を行って、とてもいい経験になった。それぞれ

に工夫していることがあり、声かけや確認の仕方など、訓練案として参考になることが多かった。教頭役をしてみて、聞き取りやすいように落ち着くことを意識した。実際は原稿もないし、焦りもあると思う。今回の授業を通して、模擬訓練の実施や、模擬訓練後の話合いが重要だと思った。

・実際にロールプレイをやってみて、状況がイメージできた。みんなのロールプレイを見て、良いなあと思うところが多かったので、自分自身の避難訓練に取り入れていこうと思った。実際に地震が来ると今日のように動けないと思うので、常に想定し訓練と近い行動ができるようにしていくことが大切だ。「繰り返すこと」は、一番大切だと感じた。今日のロールプレイと意見交換を通して、より良い避難訓練案が作れると思った。

・本日の学習では、本番を想定したロールプレイを行い、様々な発見をした。１つめは分かりやすい指示をだすこと。シンプルな声かけを目指さなければならないことが多かった。２つめは、避難前の確認が大切だと学んだ。避難訓練は、想定するケースによって動きが変わるため、教員間での情報交換や情報共有が最も重要であると感じた。

第４節　演習１－②～「避難訓練」学生からの提言～

●計画段階

・各校の想定される自然災害・事故等についての確認

　地震、津波、河川の氾濫、土砂災害等想定される災害は何か

・「いつ」「どこで」

　授業中、休憩時間、放課後、登下校時等

　教室、運動場、登下校路、野外活動場所等

・訓練の予告は

　予告➡事前指導➡避難訓練

　教員への予告あり　児童生徒への予告なし

演習１「避難訓練」での学生の気づきをまとめると次のようなPDCAサイクルが見えてくる。

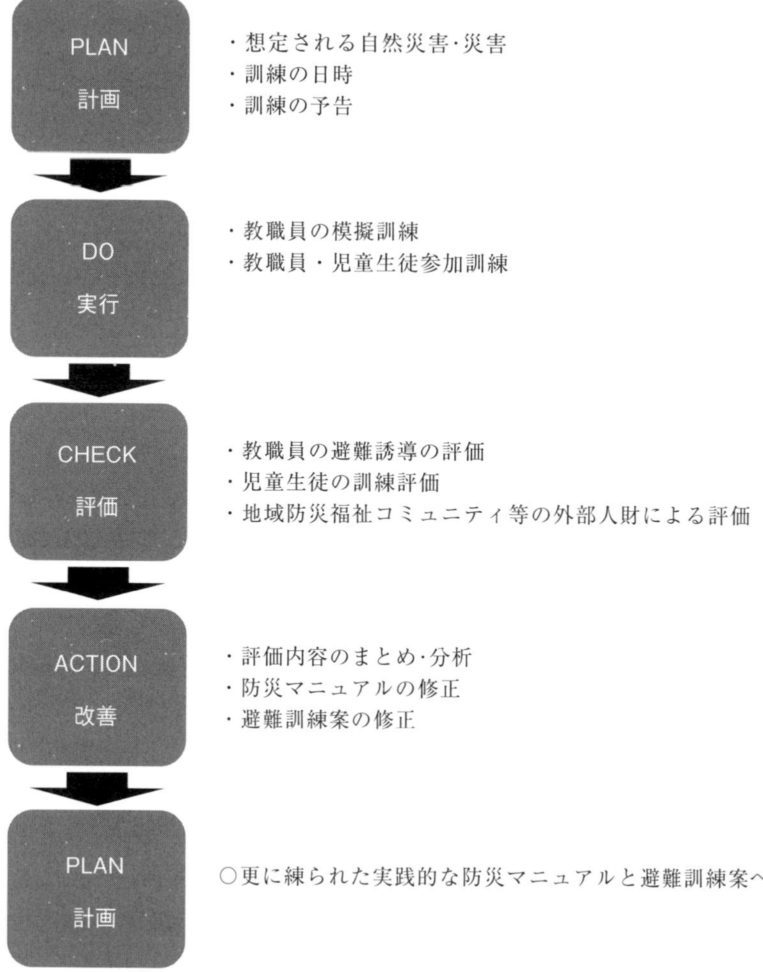

教員、児童生徒共に予告なし

避難訓練の回数

●訓練本番

・教員だけの「模擬訓練」➡ふりかえり、評価、改善

・教員・児童生徒参加訓練

・人的被害（けが・不明者）想定の対応訓練

●評価

・教職員の避難誘導の評価

・児童生徒の訓練評価

・地域防災福祉コミュニティ等の外部人財による評価

●改善

・評価内容のまとめ・分析

・防災マニュアルの修正

・避難訓練案の修正

第５節　演習２～避難所運営～

教員の本務は、「児童生徒の教育」である。しかし、学校が地域コミュニティの中核であり、建物自体が堅牢なつくりとなっているため、自然災害発災時には、緊急的な避難所になることが想定される。

阪神・淡路大震災当時も多くの学校が避難所となり、避難所運営についても教員が関わらざるを得なかった事実がある。

内閣府防災情報のページでは阪神・淡路大震災後に係る避難所運営から学校再開までの過程を以下のように総括している。

1．避難所の管理運営は、多くの場合、各施設の管理者等（学校の場合は教職員等）がその役割を果たした。

01）神戸市立の学校園では、避難生活が軌道にのるまでの間、避難所運営のリーダーとして教職員が活動した学校等は８割以上に上り、校園長や教頭がリーダーとしての役割をとる場合も多かった。

02) 避難所等で自治組織が形成されるきっかけは、教職員による指導が最も多く6割にのぼった。ただし、1月中に自治組織ができた学校園は半数を越えるが、できなかったところも3割強あった。

03) 行政側も出勤できる職員が少ない一方で、大量の災害救助関連の業務が発生したため、避難所に派遣する職員の確保に苦慮していた。

04) 避難所に何とか派遣された行政職員は、マニュアルや通信手段も物資もない中で苦慮しながら、施設管理者や住民と連携して対応した。

05) 行政から責任者が着任する以前には、校長に大幅な権限を移譲しておくべきという意見もある。

2．震災直後の通信手段がなく、混乱した。避難所には安否消息の問い合わせが殺到、避難者名簿の作成が必要だった。

01) 震災直後の通信手段がなく、混乱した状況のなかで、マスコミの協力が非常時の情報伝達方法として効果的だった。

02) 電話の通じていた避難所には、消息を尋ねる電話が殺到した。

03) 避難者名簿は、ほとんどの避難所で作成された。その多くは、発生直後の3日間のうちに作成されたものだった。

阪神・淡路大震災の教訓から、各学校園では、「防災マニュアル」の作成が各地教委から義務付けられ、マニュアルの中には避難所開設から学校再開までの過程が明記されている。

次に神戸市立小学校の「防災マニュアル」の避難所開設に関する項を示す。

《避難確保資器材等一覧》

活動の区分	使用する設備又は資器材
情報収集・伝達	テレビ、ラジオ、タブレット、ファックス、携帯電話、懐中電灯、電池、携帯電話用バッテリー
避難誘導	名簿（施設職員、利用者等)、案内旗、タブレット、携帯電

	話、懐中電灯、携帯用拡声器、電池式照明器具、電池、携帯電話バッテリー、ライフジャケット、蛍光塗料、車いす、担架、大人用紙おむつ、常備薬 施設内の避難のための水・食料・寝具・防寒具
浸水を防ぐための対策	土嚢、止水板

①避難所としての初期対応

○神戸市域内に《震度6弱以上の地震の発生または大津波警報が発表された》時は、自動的に防災指令第3号が発令される。《全教職員は、自ら家族等の安全を確保した後、直ちに学校に集合》※ただし、保護者への引渡しは5弱で行う。「5弱で引取りにGO！」

○震度階級5強以下であっても、必要な場合には教職員の迅速な対応が要求されるので、教職員は教職員連絡網を把握しておくこと。

○災害発生時、避難所として使用する教室

避難者が来校した時点での初期対応は、学校の教職員。その後区役所へ連絡し、担当者が来校後、避難所を開設。

使用目的	本部・物資	Ⅰ段階	Ⅱ段階（高齢者等要援護者）	Ⅲ段階
部屋	本部：職員室 物資：備蓄倉庫	体育館	クラブルーム	（1）学習室 （2）家庭科室
収容人数		200名	30名	各15名
使用目的	医療	乳児（授乳室）	体調不良者（発熱者等）	ペット受入可
部屋	保健室	プレイルーム	理科室	図工室
収容人数	5名	10名	10名	10名

※1．ペットを連れての避難はケージに入れる等、周りの避難者の方の迷惑にならないよう配慮してもらう。

※2．避難所として開放しない教室等は全て施錠する。

※3．収容人数＝床面積÷4m^2で算出

②地域防災拠点（避難所）としての初期体制

《学校機能再開期　学校機能再開のための準備》

《体の健康状態》

観察ポイント	状態
1．食欲の異常（拒食・過食）はないか？	はい ／ いいえ
2．睡眠はとれているか？	はい ／ いいえ
3．吐き気・嘔吐が続いていないか？	はい ／ いいえ
4．下痢・便秘が続いていないか？	はい ／ いいえ
5．頭痛が持続していないか？	はい ／ いいえ
6．尿の回数が異常に増えていないか？	はい ／ いいえ
7．体がだるくないか？	はい ／ いいえ

《心の健康状態》

観察ポイント	状態
1．心理的退行現象（幼児返り）が現れていないか？	はい ／ いいえ
2．落ち着きのなさ（多弁・多動）はないか？	はい ／ いいえ
3．いらいら、びくびくしていないか？	はい ／ いいえ
4．攻撃的、乱暴になっていないか？	はい ／ いいえ
5．元気がなく、ぼんやりしていないか？	はい ／ いいえ
6．孤立や閉じこもりはないか？	はい ／ いいえ
7．無表情になっていないか？	はい ／ いいえ

《急性ストレス障害（ASD）と外傷後ストレス障害（PTSD）の健康観察のポイント》

観察ポイント	状態
1．体験した出来事を繰り返し思い出し、悪夢を見たりする	はい ／ いいえ
2．体験した出来事が目の前で起きているかのような生々しい感覚がよみがえる（フラッシュバック）	はい ／ いいえ
3．体験した出来事と関係するような話題などを避けようとする	はい ／ いいえ
4．体験した出来事を思い出せないなど記憶や意識がボーッとする	はい ／ いいえ
5．人や物事への関心が薄らぎ、周囲と疎遠になる	はい ／ いいえ
6．よく眠れない、イライラする、怒りっぽくなる、落ち着かない	はい ／ いいえ

７．物事に集中できない、極端な警戒心を持つ、些細なことや小さな音で驚く	はい　／　いいえ

子供の心のケアにおいての具体的な留意点

・被災から１か月程度は、ストレスを感じ、行動に変容が現れるのは異常ではないと認識し子供たちに寛容に接し、安心感を与えることが重要であること。

・行動の変容が深刻であったり、長引いたりする場合は、担任が一人で抱え込むのではなく、学校の教育相談体制の中で対応を検討し、スクールカウンセラーや医療機関との連携を図ること。

○教職員の心のケア

子供を指導する教職員も災害を体験した後、避難所運営、子供の心のケア対応などで、うつ傾向や不眠などのような心的、情緒的な反応を伴う諸症状が見られることがある。

校長や教頭を中心に、教職員が相互に見守り支え合っていく必要がある。必要な場合には、早期に専門の医療機関での相談も不可欠である。

○震災から学校再開に向けて

管理職

ア　子供の安否確認、被災状況、心身の健康状態の把握の指示（家庭訪問・避難所訪問）

イ　臨時の学校環境衛生検査の実施についての検討

ウ　教育委員会事務局への連絡

エ　教職員の心のケアに向けた校内組織体制づくり

オ　子供の心のケアに向けての組織体制・役割分担の確認

カ　保護者、地域の関係機関等との協力体制の確立

キ　スクールカウンセラーの要請

ク　報道関係機関への対応

養護教諭

ア　安否の確認と心身の健康状態の把握

・家庭訪問、避難所訪問

・健康観察の強化

・教職員間での情報の共有

・担任等との連携等

イ　保健室の状況確認と整備

ウ　管理職との連携

エ　学校医、学校薬剤師との連携

オ　心のケアに関する啓発資料の準備

カ　障害や慢性疾患のある子供への対応

学級担任等

ア　安否の確認と心身の健康状態の把握

イ　家庭訪問、避難所訪問

・子供の家庭の被災状況の把握

ウ　学校再開へ向けての準備

・学校内の被害状況、衛生状況の調査

・安全の確保

エ　養護教諭との連携

オ　障害や慢性疾患のある子供への対応

学校医とカウンセラー

ア　災害の概要把握と学校内の対応状況確認

イ　子供のメンタルヘルスをめぐる緊急事態への見立てを行う

ウ　教職員へのコンサルテーションを行う

エ　子供や保護者の個別面談準備

オ　養護教諭と協力して、心のケアの資料を準備

カ　関係機関との連携に関するつなぎ役になる

〈子供や保護者に対して〉

キ　①子供や保護者の個別面談

②必要に応じた地域の専門機関への紹介

〈教職員に対して〉

ク　①子供対応への助言とストレス対応研修
　　②校内の関係委員会に参加し、共通理解を図る
　　③教職員間での情報の共有
　　④個別支援

防災教育演習の授業では、阪神・淡路大震災当時の神戸市立学校での避難所開設から学校再開に至る概要を説明し、現在の神戸市立学校園の防災マニュアルを資料として提示し、教員としての自然災害時の役割について協議した。

学生からは次のような意見が出された。

・避難所運営にあたっては、教員の力が大きくあると感じた。その労力を減らしていくには、日頃からの地域とのつながりの重要性を感じた。祭りやあいさつなどに参加することで、発災時、運営していく大きな糧になると思った。行政においても避難訓練などでつながりをもって、いざとなった時に、動ける体制の構築が大切だと思った。
・前回の避難訓練に続き、避難所運営について学び、より長期的な視点で考えていかなければならないと感じました。そして、災害が起こる事前事後の動きが大切だと改めて学ぶことができました。マニュアルの実践・振り返りを行い、改善していくことはもちろん、地域の方々と普段からかかわる機会をもつことが、どれだけ役立つかよく理解できました。また、学校が再開した後も、しっかりと見直しを行うことや、児童の心のケアに努める必要性を知りました。

学生が考えたように、危機管理は学校園だけで完結するものではない。地域諸団体と日々の関わりの中で協働・連携できる関係を構築することは必須である。大規模自然災害発災時に、教員がイニシアティブをとらざるを得ないことは容易に想定される。しかし、行政機関、地域諸団体

へと運営の主体を移し、教員は一刻も速く学校再開に取り組むことが必要である。

その後、HUG（避難所運営ゲーム）を実施し、避難所開設及び運営の疑似体験をし、状況は日々刻刻と変わり、臨機応援な考え方と判断の難しさを実感した。

第6節　演習3～尼崎市立小学校での防災学習出前授業に向けて～

1　防災学習出前授業に向けて

尼崎市立小学校4年生での防災学習の実施に向けて、我が国の防災教育の課題を捉える活動を実施した。資料としては「文部科学省における防災教育の現状について（令和3年6月23日）」を活用した。

学校における防災教育の実施状況（平成30年度）

	調査対象	指導している学校	教科	総合的な学習の時間	学校行事	児童会・生徒会活動・クラブ活動	学級活動ホームルーム活動	その他
合計	35,793	35,690 (99.7%)	18,865 (52.7%)	11,505 (32.1%)	28,987 (80.9%)	4,567 (12.7%)	26,216 (73.2%)	2,241 (6.2%)
小学校	19,411	19,394 99.9%	10,775 55.5%	6,231 32.1%	16,912 87.1%	1,967 10.1%	14,916 76.8%	1,108 5.7%
中学校	10,072	10,042 99.7%	5,659 56.2%	3,904 38.8%	7,198 71.5%	1,724 17.1%	7,246 71.9%	667 6.6%
義務教育学校	87	87 100.0%	56 64.4%	38 43.7%	69 79.3%	25 28.7%	64 73.6%	8 9.2%
高等学校	5,040	4,987 98.9%	1,959 38.9%	1,051 20.9%	3,909 77.6%	713 14.1%	3,217 63.8%	306 6.1%
中等教育学校	54	53 98.1%	21 38.9%	18 33.3%	41 75.9%	13 24.1%	40 74.1%	3 5.6%
特別支援学校	1,129	1,127 99.8%	395 35.0%	263 23.3%	858 76.0%	125 11.1%	733 64.9%	149 13.2%

出典：学校安全の推進に関する計画に係る取り組み状況調査（平成30年度実績）
※合計数は，表に記載のある学校を安全教育推進室において再集計した数値

●災害安全に関する指導している学校は，99．7%であり，概ね全ての学校において災害安全の指導が行われている。
※本調査は、学習指導要領（平成20年，21年告示）のもとで行われた調査である。

（出典：学校における防災教育の実施状況（平成30年度）文部科学省）

学生からは次のような意見・疑問点が出された。

・各教科での実施が、小学校55.5%という数字は、少ないのではないか。社会科や理科では、地震や風水害、洪水に関連する単元もある。
・小学校で100%でないこと。阪神・淡路大震災、東日本大震災を経験した日本では、当然すべての学校で防災教育を実施していると思っていたが…。
・学校行事での防災教育とは、「防災訓練」「避難訓練」を指すのか。

教員を目指す学生には、学校教育のどの部分を切り取っても「防災教育」に連なる理念があり、いかなる教科等でも「防災教育」は可能であることを認識することを願っている。つまり、学校園全体が「安全・安心」の環境及び文化で満たされているということ。教育活動全体を通して、「命」の尊さを具体的に指導できる学習活動が準備されていること。そして何よりも児童生徒の前に立つ教員自らが「安全・安心」に対する深い認識と知識・技能をもち、児童生徒のモデルとして「生命尊重」の実践者であることを期待したい。

2　教材開発にあたり大切にしたこと

授業開発にあたっては、学生たちは次のような事項を重要視した。

1）関西国際大学オリジナル教材を開発する。

関西国際大学では、グローバル・スタディ（海外短期研修プログラム）「防災インドネシア」プログラムで本学学生と現地学生が共同で作成した「防災リュックを作ろう」の教材が4年前に作成されている。昨年度までのグローバル・スタディでは、「防災リュックを作ろう」を発展的に修正を加え、兵庫県下小学校での出前授業で活用してきた。今回それに頼ることなく、新たな教材開発に挑戦することとなった。また、教材の教育課程上の位置づけも明確にすることとした。

2）自然災害に対して、児童自ら考え・判断し・実行できる力の基礎を培う教材であること。

自然災害は「いつ」「どこで」「どのような」形で起こるか分からない。学校内でも授業中か休憩時間か放課後の発生か分からない。指導者または家族が一緒なのか、一人なのか。一人の時に自然災害に会っても「自分で考え・判断し・実行できる」資質・能力の基礎を身に付けさせたい。これは、現行小学校学習指導要領の理念とも合致する

3）楽しみながら学べる教材であること。

まずは、指導者が楽しめる教材を創りたい。「～しなければならない」防災教育から脱却し、楽しめる教材開発を目指した。具体的には、ゲーム感覚で児童が判断し決定する内容を考える。また視覚に訴える教材にする。

4）GIGA スクール構想に基づいたICT 機器及びタブレットを積極的に活用すること。

主体的な活動を目指し、「個別最適な学び」と「協働的な学び」の両輪を大切にした小学校で日常的に活用しているタブレット端末を効果的に活用する。

5）家庭を巻き込み「防災教育」を広げる教材であること。

防災教育は学校内で完結するものではない。家庭・地域への広がりの中で防災教育を重質させていく必要を感じる。今回の学習を児童が経験する。その内容を家庭に持ち帰り、話題にすることで家庭内に防災の意識、「備える」大切さを届けていきたい。

出前授業に向けての模擬授業

3　出前授業に向けて自らが体験する～人と防災未来センター / 兵庫県広域防災センター見学～

兵庫県広域防災センターでの地震体験

尼崎市立小学校での出前授業に先立ち、兵庫県立人と防災未来センターと兵庫県広域防災センターを見学した。

兵庫県立人と防災未来センターでは、阪神・淡路大震災の記録映像や南海トラフ地震の計り知れない巨大さにふれた。兵庫県立広域防災センターでは起震車で阪神・淡路大震災や関東大震災の揺れを疑似体験した。「机の下にもぐる」ことは理解はしていても、実際に巨大地震のもとでは動けない事実を身をもって知った。煙避難体験では、進路を妨害する煙の怖さを感じていた。

これらの体験は、児童に地震の実態を知らせる時に、自らの体験をもとに基にした、説得力のある話につながる。

4　防災学習～「その時わたしはどうするのか。～震災シュミレーションから考える～」

特別研究Ⅱ防災教育演習の研究活動の総和として、尼崎市立小学校４年生を対象に防災学習に取り組んだ。教育課程の位置づけは特別の教科道徳とし、内容項目Ａ「節度・節制」を価値とし学習展開を構成した。

また、シュミレーションゲームの要素を取り入れ、動画視聴後に自分の行動を色別カードで表現する手だてを講じた。カードを用いることで自分のとるであろう行動を即座に表現するとともに、学級全体の行動分布も視覚的に捉えることができると考えた。児童の行動の根拠及びふりかえりについては、Google フォームを使用した。

尼崎市立小学校防災学習４年（道徳科）出前授業

○日時：2023年１月16日(月)　３限（10:50–11:35）４年３組　４年４組
　　　　　　　　　　　　　　４限（11:40–12:25）４年１組　４年２組

○授業者：関西国際大学学生　７名　参観者：関西国際大学学生　２名
　　　　　教員：２名

○テーマ：「その時わたしはどうするのか。～震災シュミレーションから考える～」　《内容項目Ａ 節度・節制》

○活動の目的：大地震発災時、自分や身近な人の命を守るために自ら判断・決断・行動する意欲を高め、基本的な避難行動を理解する。

○展開

教師の働きかけ《発問・指示・資料提示》	予想される児童の反応
○自己紹介・出前授業の目的 １．今日は１/16. 明日は何の日？ ・これまでに学習した「阪神・淡路大震災」の事実を想起させ本時の導入とする	・１月17日は、阪神・淡路大震災が起こった日。 ・たくさんの人が犠牲となった。 ・建物が倒れた。高速道路も倒れていた。 ・神戸市では火事になったところもある。 ・たいへんなことが起こっている。
・動画「阪神・淡路大震災」視聴 １/17　早朝５:46 兵庫県淡路島が震源 6000人を超える方が犠牲となった	
・写真①「釜石市避難訓練」提示	・どこに向かっているんだろう。山に向かっている？ ・小学生だけではなく、中学生？　地域の人も一緒にいる。

・写真②「東日本大震災津波と避難」提示 ［2011 3/11　午後14:46 18000人の人が犠牲になった 大津波が町を襲った］	・津波が起こった時を考えて避難訓練している。 ・奥に海が見える。津波が襲ってくる。 ・津波が来ない高台に避難したから助かった。
阪神・淡路大震災は早朝：家族がいた。 東日本大震災は下校時：先生がいた。 もし、君たちが１人でいる時に大きな地震が来たら、自分の「命」を守ることができるだろうか	・心配だ。 ・とにかく逃げる。どこに逃げる？ ・地震はいつ起こるか分からない。 ・誰も助けてはくれない。 ・自分が考えて・決めて・行動することが必要だ。
一人の時に大地震がきたらどのような行動をとればいいのか考えよう	
2．震災シュミレーションの説明をする。 ・家族もいない。先生も近くにいない。そんな時に大地震が来た！３つの場面を用意しました。	
＊2—1　「トイレに入っていた時に…」 ・学校のトイレにはいっていた時のことです。 ・シュミレーション①動画視聴 ・自分の「命」を守るためには何番を選びますか？ ・選択肢毎に何が不都合なのか考えさせる ➡多様な考えを出させた後、基本的な行動について説明する。 ［①走って外に逃げる。 ②ドアをしめて、とどまる。 ③ドアをあけて、とどまる。］ ［地震発災時の基本的な行動Ⅰ ・頭を守る ・揺れが収まるまで動かない］	・個人で考える ・グループで自分の考えを出し合う ・すぐに逃げる　理由 ・とびらを閉めてそこにいる　理由 ・とびらを開けてそこにいる　理由 ・阪神・淡路大震災のように建物が崩れるかもしれない。すぐに逃げる。 ・とびらが倒れるかもしれない。閉めてゆれが収まるまで待つ。 ・ゆれが収まったら逃げる。そのためにとびらは開けておく。 ・個人で考える ・グループで自分の考えを出し合う
・グループごとに出た意見を出し合い協議させる。	
＊2—2　「公園で遊んでいる時に…」 ・シュミレーション②動画視聴 ・自分の「命」を守るためには何番	

を選びますか？ ・選択肢毎に何が不都合なのか考えさせる ➡多様な考えを出させた後、基本的な行動について説明する。 ①遊具に下にかくれる。 ②広場の真ん中に行く。 ③家に帰る。	・がんじょうな遊具の下にかくれる。 ・塀やフェンスが倒れたら危険。真ん中に行く。 ・家に帰って、お家の人と一緒が一番。
	・遊具に下にいるメリット ・広場の真ん中に行くメリット ・家に戻るメリット。
地震発災時の基本的な行動Ⅱ ・建物・塀などの倒壊の恐れのあるものがない広場（運動場）の中央部分に集まる ・頭を守る ・揺れが収まるまで動かない	・個人で考える ・グループで自分の考えを出し合う
・グループごとに出た意見を出し合い協議させる。	
＊2―3 「リビングで一人…」 ・シュミレーション③動画視聴 ・自分の「命」を守るためには何番を選びますか？ ・選択肢毎に何が不都合なのか考えさせる ➡多様な考えを出させた後、基本的な行動について説明する。 ・建物の損壊の程度により状況が異なることもある。 ①家にとどまる。 ②となりの家の人に助けてもらう。 ③ひなんじょに向かう。 地震発災時の基本的な行動Ⅲ ・家族で避難場所を確認しておく ・グループごとに出た意見を出し合い協議させる。	・一人で家にいるのは不安だ。 ・でも家を離れたら家族とバラバラになるかもしれない。 ・外に出るのも危ない。 ・家族で大地震発生の時の約束を話し合うことが大切だ。
3．本時のふりかえり ・本時の活動の感想を発表させる。	・ふりかえりシートに本時の感想を書く。 ・今日の活動でわかったことは ・こんな時はどうするのだろう？ ・家族みんなで話し合う必要があるんだ。

・南海トラフ巨大地震について補説し、一人で判断し行動しなければいけない時が来る可能性があることを伝え、家族みんなで防災・減災について話し合う必要があることを伝える。 ・家族で話し合う「ワークシート？」 ○授業者の感想　お礼	

○児童の感想

1-1.　休み時間、トイレに入っていました。そこに大きな地しんが発生！どうしますか？
86件の回答

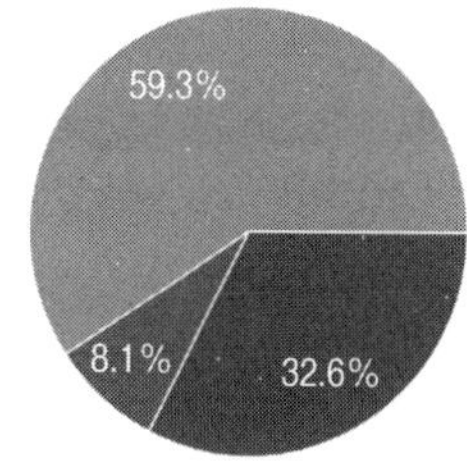

- ①走って外ににげる。
- ②ドアをしめて、とどまる。
- ③ドアをあけて、とどまる。

〈その理由〉

・ドアが開かなくなるかもしれないから

・避難に遅れたら嫌だし建物が崩れるかもしれないから。

・じしんでドアがあかなくなるから

・すぐに逃げないと、もし近くで火事や、津波が来たら、すぐには逃げれないから。

・早く逃げたほうがいいから。

・ドアを締めていたら何かが前に落ちてきたときに開けれなくなるけどドアを開けていて頭を守っていたらいいと思ったので３にしました。

2-1. 公園で遊んでいました。そこに大きな地しんが発生！どうしますか？
11件の回答

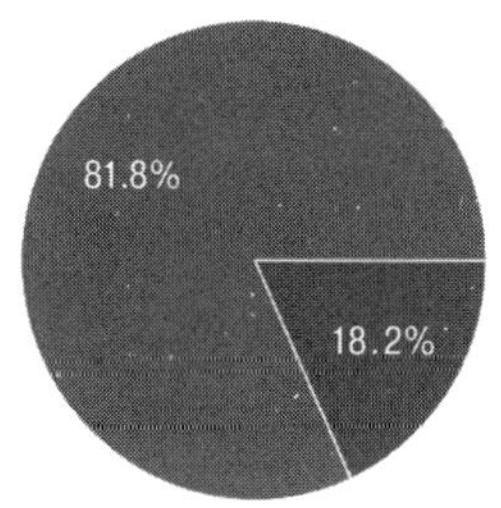

- ①遊具の下にかくれる。
- ②広場の真ん中に行く。
- ③家に帰る。

・家にはメモを残しておけばいいし避難場のほうが安全だから。
・ずっと家にいたらまたじしんがおきた時に下じきになるから。
・映像では隣の人の家に入っていたから、どちらでも家は崩れるかもしれないから（隣の人と一緒に逃げる・避難所に行くなら２番）。
・避難所だったら安全だから。
・状況によって判断が変わるから。
・避難所に行ったら色んな人がいて何かがあってもみんなで助け合えるしその後のご飯なども配ってもらえると思うので３にしました。
・一人だと何もできなきから、大人の人に助けてもらう。

〈今日のふりかえり〉
・地震にあったらどうやって避難するかがわかりました。
・じしんがおきたらひなんじょやひなんしている人と助けあうのがいいと思いました。
・今日勉強して分かったことは、実際に地震が起きたときにはどうすればいいかを勉強して、防災リュックを準備しておくとか、避難所までの道を確認しておくなどを最後に習って、近頃来ると言われている南海トラフ地震にも備えておこうと思いました。
・１.17であんなに大きい火事が起きたんだとわかった。
・防災のよういする。
・地震によって判断が変わることがわかった。
・今日勉強したことで、わかったことは家などでは答えがなくてその時に合わせて家にいたり避難所に行ったりするということがわかりました。自分も避難所をどこに行くかなどを決めていないので親と相談して決めたりして地震が起きたときなどに備えたいと思いました。

尼崎市立小学校出前授業

・最後の問題で、答えが変わると、いうことがわかりました。
・家編で地震の状況で行動が違うことが分かりました。
・しっかりとその時のために備えておいたほうがいいと思いました。あと、それぞれのときにより、やることを自分で考えて、動くといいということがわかりました。

5　出前授業を終えて

尼崎市立小学校の全面的なご協力、担任の先生方の的確な支援で、学生にとって充実した内容の授業になった。

○学生のふりかえりから

「教材開発について」

・防災の授業を行う上で、児童が主体的に学ぶことが何よりも大切にしないといけないことだと学んだ。いつ、どこで地震が起こるかわからないという状況の中で、児童が自分で考えて行動することが大切になる。そのため、授業の中で主体的な思考力と判断力が十分に発揮されるように教材を作ることが大切だと知った。児童の生活の身近なものを取り上げたり、興味をひくようなゲームを設定したりと、いかに児童が防災の学びに前向きに取り組むことができるのかを考えることが大切である。また、その学びを授業だけにとどめるのではなく、家族や地域の方々と継続的に学び、備えることが教材を作る上で大切だと学んだ。

・「脅しの防災教育」とは、過去の災害を伝えるなど、災害に対する恐怖を喚起するものである。「知識の防災教育」は、危険な場所を知らせたり、地震等の災害に対する知識を与えたりするだけの防災教育だ。しかし、このような防災教育では、災害時に命を守るための行動は身に付かない。その為、災害時の安全確保に役立ち、児童が楽しみながら防災を学べるような教材や授業展開を考えた。私は、SNSで目撃した、紛らわしい選択肢から選ぶシミュレーションを思い出した。選択肢が紛らわしいとゲームで終わらず、ダメな理由を考えられると考えた。提案してみると、ICTを活用したり、動画を撮影したりと受講生の方から様々なアイデアが出た。児童が興味やイメージを持ちやすいよう、シミュレーションの選択肢の場面を撮影し、動画で示すことにした。動画の撮影や編集に当たっては、ICTの活用が得意でないため、その方法について伝授していただいた。防災教育以外でも、動画の編集や撮影は活用できると考える為、少しずつでも身に付けていきたい。

「自分自身の成長」

・この防災教育演習を受講し、防災に関する知識の向上と授業づくりや授業実践の成果がとても自分自身の成長に繋がったと感じる。私たち大人でも、いろいろな状況の中で、的確に判断することが難しい。そもそも、避難の仕方についても曖昧な知識しかなかった。しかし、実際に避難所での先生の動きを想定し、避難者の対応を練習したこと。教材研究を重ね、的確な判断について考えた経験など、多様な視点から防災の知識を蓄えることができた。そして、何よりも学年の枠を超えて、学生同士で意見を交流し、一つの授業を作り上げる経験が一番成長できたと考える。それぞれの学生が今までに経験してきた防災学習を振り返り、伝え合う。また、今までにはないような新しい防災学習ができるように工夫することができた。授業づくりにおいて、学生同士で意見交流して培った知識は、この先の教員人生で財産になると感じた。ずっと大切にしていきたい。

・年始に入ってから、出前授業の模擬授業を行った。教員採用試験に合格されたお二人の先輩の模擬授業を見させていただいた。児童が答えやすいような発問や流れを検討する過程や、表情や言葉の使い方など様々なことを学んだ。特に、非常時の行動とその理由について発問を練ったり、発言を予想したりすることに最も力を入れた。児童の思考が深まり、沢山の意見が出ることを目指す反面、時間を調整することに苦戦した。限られた時間を無駄にしないよう、めあてや震災の詳細など事前に掲示物を作った。また、教員採用試験対策での模擬授業の練習から、声の抑揚、話すスピードなどを実習時と比べると改善できたと感じる。

・出前授業当日は、児童が自分の身を守るための行動や理由をしっかり考えられていた。また、準備での模擬授業の段階で、予想していた児童の発言が多く出ており、計画的に進めることができた。しかし、時間的にはかなり厳しく、3、4時間目とも10分程おしていた。そのため、まとめで指導の振り返りを共有できなかったことは反省点だ。また、今回は2場面にしたことで、児童の思考・交流・共有する時間を削らざるを得なかった。全体的に常に時間を意識していたため、面白い児童の発言を拾いきれなかった。発表を促せば、他にも沢山の意見が出ると机間指導から感じた。これらの反省を踏まえ、授業1回に対し、シミュレーション場面は1つで充分だと感じた。1つに絞ることで、児童が思考したり、交流・共有したりする時間を多くとることができる。

「この経験を今後にどのように活かすのか」

・小学校の現状では、防災教育は担当の先生に任せっきりになっている。また、今まで行われてきた防災教育を受け継いで同じように実践している。こんな小学校がいまだに存在する。しかし、時代は常に変化し、災害の規模も変わってきている。今までと同じやり方で、担当の先生に任せるだけの防災学習で子どもたちの命は守れるのだろうか。少なくとも、教員全員が高い意識を持って、同じ方向を向いて防災教育に励まないといけない。そこで、この授業で学んだ知識を多くの先生方に伝え、「備え」の大切さを広めていきたい。また、積極的に防災教育に参加し、各学校に応じた避難の仕方などを学び、子どもたちに伝えていくことが私の使命だと思う。うまくできないことがあると思う。しかし、子どもたちが自分の命は自分で守れるようになるため、高い志を持って防災教育に励んでいきたい。

・今回の防災教育の出前授業は、卒業論文の文献調査で知った防災教育の現状を踏まえて考えることができた。防災教育は、地震に対する知識や、備え、ハザードマップ作成など様々だ。しかし、最も重要なことは、生き残ることだ。防災リュックや非常食を用意していたとしても、生き残らなければ役には立たない。教員になった際、生き残るための行動を意識するような防災教育を行いたい。しかし、児童に授業を行うだけでは、学校の管理下以外で命を守れないかもしれない。そのため、家庭に持ち帰って、保護者に話したくなるような面白い教材を開発する必要がある。また、教員として災害時に避難所を運営するために、保護者や地域の人に協力してもらえるよう日頃から意識していく。学級通信を頻繁に発行したり、懇談会で児童の映像を流したり、地域の行事に参加したりして保護者や地域の人との繋がりを大切にしていく。

児童・生徒に自然災害を「自分事」として考えさせるためには、まずは教員自身が、「自然災害」を自分自身の課題として捉える必要があることは当然のことである。しかし、教育現場の実情をみると、日々の教科指導や生徒指導対応に追われ、「防災教育」の取り組みが決して十分ではないように感じている。

今回の「特別研究Ⅱ　防災教育演習」の受講を機に、学生自身が、防災教育を学校教育の柱として教育活動を再構成できる意欲と、そのための知見の基礎を培うことができたのではないかと考える。

さらに、防災教育が学校教育だけでは完結しない教育であることも学生は感じ取っている。今回の授業を体験した学生たちが、近い将来教員という職に就いた時に、学校・家庭・地域社会を巻き込んだ防災教育を構成し、実践することを期待したい。

参考文献

神戸市小学校長会／神戸市立中学校長会編集・発行「神戸発　新たな教育創造へ」みるめ書房、平成22年

神戸市小学校長会／神戸市立中学校長会編集・発行「変容する子どもたち３神戸・教育復興の10年幸せ運べるように」みるめ書房、平成17年

矢守克也・吉川肇子・網代剛『防災ゲームで学ぶリスク・コミュニケーション　クロスロードへの招待』ナカニシヤ出版、2005年

文部科学省「小学校学習指導要領（平成29年告示)」平成30年

文部科学省「小学校学習指導要領（平成29年告示）解説　社会編」平成30年

文部科学省「小学校学習指導要領（平成29年告示）解説　総合的な学習の時間編」平成30年

兵庫県企画県民部災害対策局消防課「防災訓練はじめの第一歩」平成26年

坂田　仰　河内祥子『イラスト＆設題で学ぶ　学校のリスクマネージメントワークブック』時事通信社、2017年

コラム4

「防災教育」を教育課程上どこに位置づけるのか

「『防災教育』は、学校園のどのような時間に取り組んだらいいのか？」その問いに対して、「『防災教育』は学校園の全ての教育活動で行うべき教育だ」と答えたい。防災教育が「命」を守る教育だと考えると、それは全ての教育活動で児童・生徒に伝えていくものだと考える。学校園の教育活動をどこで切り取っても、「防災教育」のいぶきを感じるものにしたいと思う。学校園の物理的な環境が児童・生徒の「命」を守るものになり得ているのか。教職員のまなざしは、常に児童・生徒を見守るものになっているのか。

一方、防災教育の授業実践では、教育課程上の位置づけを明確にする必要性がある。児童・生徒に提示しようとしている「防災教育」は国語科に位置づけるのか。社会科に位置づけるのか。理科に位置づけるのか。あるいは音楽科に位置づけるのか。各教科等の目標や内容と学校園、教員の思いを切り結ぶ中で、防災教育のねらいはより一層明らかになる可能性があると考える。

「防災教育」は、決して特別の教育ではない。すべての教科等で「防災教育」は成り立つ。教員のほんの少しの創意工夫で。

第5章
連携・協働による防災・危機管理

Introduction

少子化、情報化やグローバル化と共に、感染症の流行や気候変動による災害の多発化などにより、学校防災・危機管理の現場は激変している。

家庭の防災環境においても、核家族化や一人親家庭、共働き世帯の増加など家族形態の変容や、ライフスタイルの多様化などに伴って大きな変化が生じている。同様に地域でも、交流機会の減少、プライバシーの尊重などにより、住民同士のつながりの希薄化が進み、地域の災害対応力に影響が出ているところである。

このような状況を背景として、学校現場では災害時などにおいて教職員のみでは的確に危機管理することが困難な状況が生じており、学校と保護者や家庭、地域住民等が連携・協働して対応し、児童の安全を守ることの必要性がますます高まってきている。

とりわけ、自立的に自分の安全を守る力が十分に身に付いていない児童をあずかっている小学校において、その取り組みが重要といえる。

この章では、学校防災・危機管理での学校と保護者、地域、行政や関係機関等との連携・協働の意義や効果、取り組むうえでの大切なポイントなどについてまとめている。

第１節　学校防災・危機管理の連携・協働

１　地域等と連携・協働した学校防災・危機管理

1）「共助」で、児童の安全を守る

阪神・淡路大震災や東日本大震災のような大規模災害時において、消防や警察及び自衛隊などの「公助」による救命救助活動の限界が明らかになるとともに、地域住民が災害時に助け合う「共助」の重要性が認識された。

また、希薄化した地域のつながりが、災害時に安否確認や救命救助活動に大きく影響し、比較的近隣住民のつながりが強く残っている地域では、近隣住民の「共助」によって、安否確認や救助活動が迅速であった[(1)]といわれている。

災害時における学校と地域住民とのかかわりにも同様のことがいえる。学校が災害時に発生する多くの課題を乗り越え、的確な危機管理のもと、児童や教職員の安全を守り、地域の防災拠点としての機能を効果的に果たすには、地域と連携・協働した「共助」が必要である。

また、保護者や地域住民が連携・協働する防災活動により、地域住民等の防災意識の高揚にも効果をもたらし、活動を通じて交流の輪が広がり、地域住民の希薄化した人間関係が再生されて行くといえる。学校と地域が連携・協働した防災活動などを契機として、学校を核とした「共助」の広がりや「安全・安心まちづくり」の促進が期待できるのである。

2）学校にとっての連携・協働の意義

災害等の危機事案が発生すると学校業務は多忙を極める。児童や教職員の安全確保、避難誘導、安否確認、施設の被害確認、情報の収集、保護者等への連絡、児童の引き渡し、避難所の開設支援、避難者対応、関係機関との連携・調整等々、通常の何倍もの業務が発生する。この間の少しの対応ミスが児童等の命にかかわることも多く、混乱のなかで的確な判断と対応が求められている。

また、災害等の発生する時期や時間、発生する種類、学校の立地環境

や学校の規模によってもその対応が異なり、しかも多くの学校では、災害等の経験は少なく発生した時の対応が不慣れである。事案の多様性が対応の複雑さや困難さを生み、稀にしか起きないとの意識が備えを怠らせ、いざ発生した時の混乱の要因となっている。

そのため、学校における災害等の危機管理事案の対応心得としては、発生頻度は低くても甚大な被害となる可能性があること、対応を誤ると二次被害に及ぶこと、発生時には学校だけでは的確な対応が困難となることなどを認識し、保護者等との連携や、地域の人たちとの協働によって経験不足や専門性を補完し、常に怠りなく備えを行うことが肝要である。

災害等の発生時のみならず平時においても、児童の安全を脅かす事案の多発化・多様化などにより、防災教育等の安全教育の重要性が増し、教員の防災教育力や学校の危機管理対応力のさらなる充実が必要となっている。

このような状況のもと、学校防災・危機管理を効果的に行うためには、地域や関係機関等と連携・協働し、「共助」で課題を乗り越えていくことが不可欠であり、普段からその体制を培っていくことが求められている。

【参考】2009（平成21）年に「学校保健安全法」が改正され、学校に対して、保護者や関係機関、地域住民等との連携を図る努力義務が規定された。

「学校保健安全法」（地域の関係機関等との連携）

第30条　学校においては、児童生徒等の安全確保を図るため、保護者、警察署その他の関係機関、地域の安全を確保するための活動を行う団体その他の関係団体、当該地域の住民その他の関係者との連携を図るよう努めるものとする。

3）学校に与える影響と効果

防災教育や危機管理対応において、地域等と連携・協働することでの学校に対する影響や効果として次のことがあげられる。

① 防災教育等での連携・協働により、保護者や地域住民の学校運営に対する理解が深まり、地域に信頼される学校づくりが進む。

② 災害発生時の児童の安否確認や避難所運営などで教職員の負担が

軽減でき、教育の再開を早期に行うことが可能になる。

③　地域の人の被災経験、専門知識・技能や地域資源を防災教育に生かすことができる。

④　多様な防災教育の取り組みが可能となり、防災への児童の理解、関心を深める新たな視点での防災教育ができる。

⑤　防災教育や災害対応などを契機として地域の人との連携・協働の効果が学校教育全般に広がり、教員の児童に向き合う時間が増え、教員の働き方改革へつながる。

4）児童の防災意識を育む連携・協働

少子化、情報化、多様化や自然災害の多発化など児童を取り巻く環境の変化は、児童の社会性、規範性や安全に対する意識に大きく影響を与えている。そのようななか、学校と地域の連携・協働による防災教育では、児童に対する次のような効果が期待できる。

①　地域の人たちの取り組みを知ることで、命の大切さへの意識が高まり、保護者や家庭での防災意識の高まりにも良い影響を与える。

②　地域の人たちから被災経験等を学ぶことで、地域の自然災害リスクなどを身近に感じ、地域の安全についての意識が高まり、地域への愛着や将来の地域安全・安心の担い手としての自覚が芽生える。

③　保護者や家族以外の地域の多様な人とのかかわりが持て、お互いの考え方や気持ちを理解する力が育まれ、助け合うことの大切さへの理解が深まる。

④　身近な人たちと共に学ぶことが、児童にとって刺激となり、学習意欲の向上につながる。

5）過去の大規模災害の事例でみる学校防災

1995（平成７）年の阪神・淡路大震災では、地震発生の時刻が早朝であったため、在校している児童はいない状況であり、主として、在宅している児童の安否確認、避難所対応、学校の再開への取り組みなどに課題が生じた。地震災害に対しての態勢が整っていない学校が多いなか、全てが初めての対応であり、地域との連携・協働の体制づくりも発災後に手探りで行われる状況であり、多くの点で教職員に大きな負担がかかった。

2011（平成23）年の東日本大震災では、「学校支援地域本部(2)」が設置された学校では避難所の自治運営体制が速やかに組織されるなど、緊急時の分担と協働作業がスムーズに進み、未設置校では、安否確認や避難所運営でトラブルが見られたとの調査結果がある。

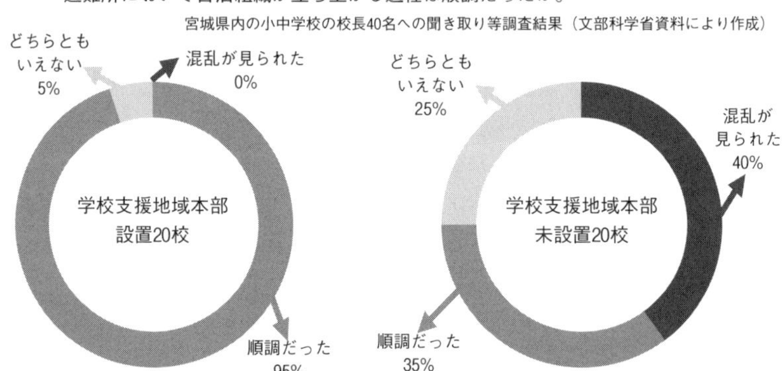

図１　避難所での自治組織の立ち上がり過程
（出典：文部科学省「学校運営の改善の在り方等に関する調査研究協力者会議」第８回資料）

2　学校・家庭・地域で育む防災意識

1）防災意識を育む好循環

地球温暖化の進行は、自然災害の発生頻度を高くし、災害の規模も大きくなる傾向を招いている。今の時代は、いつでも、どこでも、誰でも災害に遭遇する危険を抱えている「常時防災」の時代であるといえる。

災害大国である我が国の学校教育では、災害に常に備え、いかなる災害をも乗り越え、たくましく生き抜く力を育む防災教育が重要になっている。

地域においても、多発する災害に備えて地域の防災力を強化するためには、地域住民一人一人の防災意識を高めることが必要であり、家庭や地域における防災教育の必要性も高まってきている。

学校における防災教育、家庭における防災教育、地域における防災教育が効果的に行われることによって災害に強い地域づくりが進むのである。

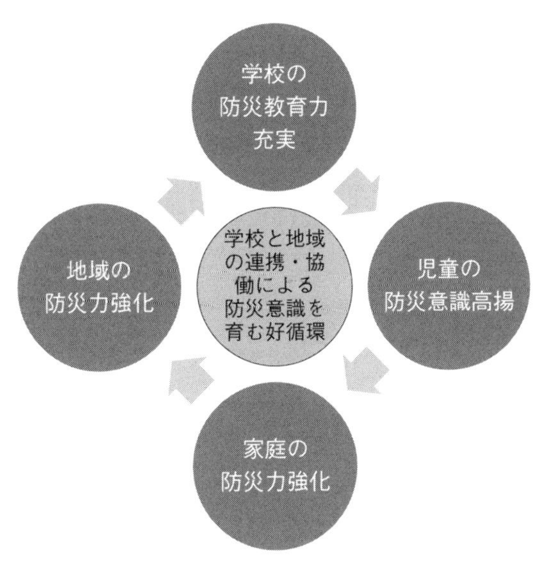

図２　防災意識を育む好循環（筆者作成）

学校と地域の防災活動の連携・協働によって、学校の防災教育内容の充実が図られ児童の防災意識が高まり、その成果が保護者や家庭の防災力強化につながり、家庭での防災の取り組みが地域の防災力を強化し、地域ぐるみの防災活動が学校の防災教育に生かされ、児童の防災意識を育むという好循環が期待できるのである。

２）好循環を生むための連携・協働

学校と保護者、家庭との防災教育の好循環を生むためには、学校は防災教育内容や災害時の取り組み体制について、折に触れて保護者や地域に知らせることや、学校と地域の参加型防災訓練の実施など実践的な教育の機会を通じて、児童や家庭、地域との連携・協働に努めることが大切である。

保護者、家庭においても、学校の防災教育等に参加・理解することを契機として、家族の話し合いのなかで、緊急地震速報放送時の対応、災害伝言ダイヤルの利用、離れ離れの際の連絡方法や、緊急時の避難の場所等についての理解を深め合うなど、家族や家庭の防災力の強化に努めることが必要である。

第2節　保護者等との連携・協働

1　保護者等との連携・協働の意義と効果

1）保護者等との連携・協働の意義

児童の教育を担う教職員と、児童を預ける保護者との関係は、最も密接な関係にあり、在校中の児童に対する安全配慮の責務を負う学校としては、児童の安全確保のためには保護者等の協力・理解が不可欠である。

災害発生時においては、児童の在校時の安全確保や保護者への児童の引き渡しはもちろんのこと、在宅時等に発生する災害においても、児童や保護者等の被災状況や住まいの被害状況の把握など、多岐にわたっての業務が発生する。これらの業務を迅速・的確に実施するためには、連携・協働による事前のルールづくりや保護者会等を通じて理解を徹底しておくことが必要である。

〈保護者等へ事前に十分に説明をしておきたい事項例〉

- ・学校の安全計画や防災マニュアルの内容
- ・児童の避難場所、避難方法
- ・児童の引き渡し方法
- ・在校時以外の災害発生時の安否確認方法
- ・避難所となった場合の体制　　等

2）保護者等に与える影響と効果

防災教育や危機管理対応を、学校と連携・協働することでの保護者等に対する、影響や効果として次のことがあげられる。

①　学校への信頼が高まる

学校における防災体制や危機管理体制等についての理解が進み、学校を信頼して災害時等の行動を取ることができるようになる。

②　防災意識が高まる

防災教育への参加を通じて、防災意識を高め自分や家庭の防災力の充実を図ることができる。

③　自己実現につながる

自身の経験や防災知識等を学校の防災教育で活用することにより、教訓を生かし、つなぐことができ、自己実現にもつながる。

④　「共助」意識の醸成につながる

学校へのかかわりを通じて、保護者や地域住民同士の人間関係が深まり、「共助」意識の醸成につながる。

2　保護者等との災害時における情報の連携・協働

災害が発生もしくは発生する恐れがある場合における学校の危機管理対応では、保護者等との情報連携が欠かせない。保護者等との情報の伝達・収集の適否が対応を左右し、児童や教職員の安全にも直接かかわることが多い。

1）災害時の情報伝達・収集の手段

①　ハイテクシステムの落とし穴

最近の通信技術、システムの進歩は、学校と保護者等との連絡体制にも影響をもたらしている。気象情報の発令に伴う一斉メールなどの登校管理等に最新の様々なシステムが取り入れられ、平時における連絡手段の効率化が進んでいるが、大規模災害時等にこれらのシステムが使用できなくなり混乱を来すことも多い。そのことを想定し、ハイテクシステムだけに頼るのではなく、電話や自宅訪問の他、友達や住民、団体や避難所等から情報を得ることなどのローテクも必要な手段として構築しておくことが望ましい。

②　情報伝達・収集は「並列ルート」で

一斉メール等の使用ができない場合や保護者等からの被災情報の提供を受けるには、電話による緊急連絡網の整備は欠かせない。

大災害時に電話による連絡網を活用する場合には、ルート上の多数の保護者が被災する事態が想定されることや、伝聞による情報の誤伝達が予測されることなどから、保護者から複数の保護者へ伝達する直列ルートではなく、学校が直接個々の保護者等に連絡する並列ルートで情報の伝達・収集を行うことが適切である。この方法は、時間を要し人手もかかるものの、分担を決めるなどにより組織的に行うことが必要である。

③　多重の情報伝達・収集体制の整備

阪神・淡路大震災や東日本大震災では、停電等による通信網の遮断や錯綜等によって、電話やメールが使用できない状態が続き、児童の安否確認や保護者等との連絡にかなりの時間を要した。

大規模災害時では一斉メールや固定電話や携帯電話の使用ができないことを想定し、㈠災害用伝言ダイヤル171、㈡SNS、㈢防災無線、㈣有線放送等の情報手段を、個人情報にも配慮したうえで適切に活用することが必要である。

④　保護者側からの学校への報告

学校側から保護者等への連絡がとれない場合を想定して、学校の窓口（電話番号等）を指定して、保護者側から学校に安否の状況等を連絡することをあらかじめ徹底しておくことも有効である。

「東日本大震災における学校等の対応等に関する調査」平成24年３月文部科学省
- 安否確認をとった手段は電話や自宅訪問が約５割を占めた。
- 生徒間のメールや地域住民からの情報によりスムーズに確認がとれたとしている一方で、マニュアルに電話不通時の安否確認方法を規定していなかったために混乱した。
- 危機管理マニュアルでは電話等による確認を前提としており、停電時、通信網の遮断時の対策までを規定しているところは少なかった。

⑤　確立したルートの周知

確立したルートは「安否確認の方法等」として、学校危機管理マニュアル等で規定し、全教職員や保護者に周知し理解を得ておくことが重要である。

２）個人情報の保護との関係

①　名簿や連絡網を保護者間で共有し、外部の機関に提供する場合には、当該本人の同意を得ておくことが必要である。

電話やＥメールなどの連絡網を作成し、学校、保護者間で共有する場合には、保護者等に対して事前に同意を得るなど次の点に留意して作成する必要がある。

(ア) 取得した個人情報を緊急連絡として使用するとの利用目的を事前に口頭又は書面で説明しておくこと

(イ) 学校、保護者が共有し、また必要な場合には外部の機関に提供するなどの提供範囲を事前に口頭又は書面で説明しておくこと

(ウ) 当該本人から所定の様式に必要な個人情報を記入し、提出してもらうなど、書面等により同意を得ておくこと

② 緊急時における個人データーの取り扱い

災害時や事故等の緊急の際で、本人の同意を得ることが困難なときには、個人の生命、身体又は財産を保護するため、本人の同意なしでデーターを第三者に提供することができる(3)ものの、一般的には、本人の同意を得ずして緊急連絡名簿を第三者に配布することは、個人情報の漏洩にあたるとされている。したがって、収集した保護者等にかかる連絡先、電話番号などの保管・取り扱いには細心の留意を要する。

第3節　保護者等への児童の「引き渡し」

児童の在校中に大規模災害が発生すると、たちまち学校中は大混乱に陥り、緊迫した混乱状況のなかで、多くのことを的確に判断、処理することが必要となる。そのなかでも留意を要するのが、保護者等への児童の「引き渡し」である。

1　引き渡しのルールづくりと事前周知

緊急時に児童の引き渡しを円滑・的確に行うには、あらかじめ引き渡しを行うルールを決めておき、全職員はもちろんのこと保護者等へ事前に周知しておかなければならない。学校と保護者がこのルールづくりを連携・協働して行うことが効果的であり、相互の理解が深まることにもなる。

【緊急連絡先カード・引き取り者カード例】

作成日時　　年　月　日

緊急連絡先カード						
(フリガナ) 児童名	( )		(性別)	学　年	組	番
(フリガナ) 保護者等	( )				(携帯電話) (E メール)	
緊急連絡先	自宅 住所			電話		
				E メール		
	(職場等自宅以外の連絡先)			電話		
				E メール		
緊急時の引き渡しカード						
引取者名	1	(フリガナ)	児童との関係		携帯電話 その他の連絡先	
	2	(フリガナ)	児童との関係		携帯電話 その他の連絡先	
	3	(フリガナ)	児童との関係		携帯電話 その他の連絡先	
兄弟姉妹	(有・無)	年　組　番 氏名			年　組　番 氏名	
引取者 署　名	(フリガナ)		児童との関係			
避難場所						
引渡 日時 場所	月　日(　曜)　時　分			引渡 教職員		
	(場所)					

※　太線枠内は、保護者の同意のもとで事前に作成しておく。

※　引取者を多数登録する場合は、別紙とする。

「学校防災マニュアル（兵庫県教育委員会)」を参考に作成

【引き渡しのルール】

文部科学省は、「学校防災マニュアル（地震・津波災害）作成の手引き」において、「震度５弱以上」を地震の際の引き渡しの判断基準として、ルールの整理を示している。

<table>
<tr><th></th><th>学校を含む地域の震度によるルール</th><th>〈津波による被害が予想される学校〉
大津波・津波警報の発表時のルール</th></tr>
<tr><td>児童生徒が在宅中</td><td>・震度５弱以上の地震が発生した場合は、学校から連絡があるまで自宅でまたは避難場所に待機する。</td><td rowspan="2">・警報が発表された場合は、地域の鉄筋コンクリートの建物３階以上か高台の避難場所へ避難する。
・警報・注意報が解除されても、校区及び通学路に浸水等の被害がないなどの安全確認の上、登校の連絡をする。それまでは、避難場所での待機とする。</td></tr>
<tr><td>児童生徒が登下校中</td><td>・危険物が落ちてこない、倒れてこない安全な場所に避難し、揺れが収まったら、学校または家の安全な方へ避難する。（物につかまりたいと感じるような揺れや、それ以上の強い揺れを感じた場合）</td></tr>
<tr><td>児童生徒が在校中</td><td>・震度５弱以上の地震が発生した場合は、引き渡しによる下校とする。（保護者の迎えがあるまで、学校に待機させる）
・震度４以下では、異常がなければ授業を再開する。通学路の安全を確認の上、集団下校等、安全に配慮して下校する。</td><td>・警報が発表された場合は、校舎の３階以上または○○○の高台に避難し、児童生徒を保護する。
・警報・注意報が解除され、安全が確認されるまでは、引き渡しは行わず、学校等で待機させる。
・警報・注意報の発表中に、迎えに来た保護者については、警報・注意報が解除されるまで、児童生徒とともに学校に待機するか○○○の高台へ避難する。</td></tr>
</table>

〈引き取り者がいない児童への対応「学校防災マニュアル」兵庫県教育委員会より抜粋〉

○児童が引き取られるまで、安全な場所に集め、その場から離れないように座らせ、落ち着かせる。

○必ず教職員が一人は側につき、児童に安心感を与える。

○落ち着いた段階で自宅に送り届けるが、自宅に家族が不在の場合は、貼り紙をしておき、引き取り者が来るまで、学校で預かる。

※子どもに不安感を抱かせないように配慮することが大切である。電話が回復すれば、勤務先又は緊急連絡先に電話する。

1）「引き渡しカード」の作成

年度当初に、保護者等に利用目的、記載内容等についての説明を行い同意を得て、連絡先、引き取り者等を記載した「カード」を作成する。

カードには、「いつ（日時）、誰が（引渡し者）、誰に（引き取り者）、どこへ（移動先）」を明確に記録しておく。

2）引き取り者の複数登録

引き取り者については、保護者との連絡が付かない場合を想定して、保護者の同意のもとで引き取り者を複数名記載（学校によっては、10人程度の登録をしているところもある）しておく。学校側はそのリストと照合し、届け出のあった者が出迎えに来た場合にのみ児童を引き渡す。あらかじめ複数名を登録しておくことにより、緊急時に保護者にあらためて確認することなく、登録された引き取り者に渡すことで、引き渡し後のトラブルを防ぐことができる。

3）記載内容のメンテ

作成した引き渡しカードは作成した直後から内容が変わる可能性があり、変更となった内容を放置することにより、緊急時の対応に混乱が生じる可能性がある。定期的な記載内容の確認が必要であり、また、登録された内容に変更があった場合には、保護者等から迅速に学校に連絡が入るようにしておくことが必要である。

2　臨機応変の対応が求められるとき

引渡しのルールを優先させることで、かえって児童を危険にさらすことになると判断されるときには、臨機応変の対応が必要である。予測される危険を適切に判断し、ルールを変更した場合に生じる可能性のあるリスクを想定し、児童の安全を最優先にして決断することが求められる。

リスクを回避するためには、平時から学校の自然災害に対するリスク環境に留意しておくとともに、正しい情報のもとに被災状況や二次災害への可能性等についての判断をすることが必要であり、的確な判断を行うためには、行政機関等の発する情報、ラジオ等の報道機関の情報や地域の住民の持つ情報などの収集に努めることが必要である。

ルール通り引き渡しを行うべきか、校内に待機させるべきかの判断ができないときや、あらかじめ決めていた引き取り者との連絡がどうしても取れない場合のルールを決めておき、学校と保護者間で共有しておくことが重要である。

状況により、どうしても判断に迷うときは、所管の教育委員会や関係機関等に意見を求めることもよい。

3　作成したカードの保管

1）カードの保管と非常時の持出

作成したカードの綴りは、個人情報の管理に留意しながら、緊急時にすぐに利用ができる状態にしておくとともに、全児童・教職員が学校から避難する事態が生じた場合にも持ち出すことが必要である。

2）作成上の工夫

カードは、平時、頻繁に利用することのないため、混乱時に所在不明の事態が生じないよう、保管場所や綴りの装丁（誰でもが気づく色に統一しておく等）も工夫しておくと良い。

■引き渡しの判断基準（例）■

〈学校の危機管理「マニュアル作成の手引き」文部科学省より〉

○通学路に被害が発生していないか

○地域の被害が拡大する恐れがないか

○下校の時間帯に危険が迫ってこないか

○引き渡す保護者にも危険が及ばないか

《東日本大震災での訴訟となった事例》

「宮城県東松島市公立小学校津波訴訟」

仙台地方裁判所判決2016（平成28）年３月24日

避難先の小学校の体育館において被災した児童２人の住民遺族と、一度避難した後、教員の判断で帰宅させられ死亡した児童の遺族らが、学校の設置運営者であり、災害避難場所の指定者である地方公共団体を相手として、損害賠償の支払いを求めた事案。校長は、教員らに対して引き渡し用の名簿を使用しないままで、児童らの引き渡しを受ける者の名前と関係が確認できれば児童らを引き渡してよい、との一般的指示を出した。教員はこの指示に従い、放課後、学校に避難してきていた被災児童を近隣住民に引き渡した。その結果、児童は体育館よりも海側の土地にあり、浸水予測図上の津波浸水域及び要避難区域に囲まれている自宅まで移動し、その直後に襲った津波に巻き込まれて溺死することとなった。「引き渡し後に当該児童の生命または身体に危険が及ぶかどうかの安全を確認し、危険を回避する適切な措置をとるべき注意義務違反」があったとして校長の過失が認定された。

控訴審は棄却（仙台高等裁判所判決2017（平成29）年４月27日）され、１審判決が支持される結果となった。

※本事案では、結果として、本件小学校も被災し、死傷者が出ている。

第４節　地域との連携・協働

１　地域との連携・協働の意義と効果

１）地域との連携・協働の意義

平時において地域と連携・協働することによって、効果的な防災教育を行うことができるとともに、災害時などにおいては危機管理対応が迅速・的確に行えることになる。また、学校の防災活動等への保護者や地域住民の参加により、学校教育への地域の理解が深まり、学校を核にした新たな人間関係や絆が芽生え、学校と地域の連携・協働の輪が広がるきっかけとなる。

２）地域に与える影響と効果

防災教育や危機管理対応を、学校と連携・協働することでの地域住民や地域に対する、影響や効果として次のことがあげられる。

①　学校を核とした地域住民の社会参加の場が広がり、防災コミュニティづくりへの関心が高まる。

②　学校関係者にも地域のハザードが共有・理解され防災教育等に生かされ、地域における児童の安全環境づくりが促進される。

③　地域全体で、児童を守り、安心・安全な教育環境を整備する意識

が高まる。

2　地域資源と専門人材の活用

学校の人的な資源には限りがあることから、児童の安全を守るためには、地域との連携・協働は欠かせない。平時での学校における安全教育や災害が発生した場合に、多くの地域の人材や資源を生かすことによって、より効果的な安全教育や緊急時の迅速・的確な対応が可能となる。

1）「日常的な取り組み」と「突発的な取り組み」

児童等の安全を守るうえでの地域との連携・協働活動は「日常的な取り組み」と、自然災害や事故等が発生した場合の「突発的な取り組み」の２つに大別される。

前者の代表的なものとしては、専門機関の職員や災害経験のある語り部等を講師とした防災教育や住民参加の防災訓練等の学校行事、住民やボランティア等による危険な場所の点検、防災・防犯広報活動などがある。

後者では、地域住民による災害時の児童の避難行動への支援、情報の伝達・収集や避難所の運営支援、学校再開への支援活動などがある。

【学校と連携した事例】

〈文部科学省「学校の危機管理マニュアル作成の手引き」より抜粋〉

⑴　学校で行う安全教育や訓練に、警察署・消防署等専門家を活用する。

⑵　地域にある安全に関する施設（防災館等）を教材として活用する。

⑶　地域の地形・地質・環境・過去の災害等を教材として活用する。

⑷　地域で安全を守る人々の業務内容について、調べたり体験したりする。

⑸　地域で開催される安全に関する行事に参加するなどして、自らの安全を確保する能力（自助）や地域の方々等との助け合いの精神（共助）を育てる。

図３　児童引き渡し訓練の様子（兵庫県神崎郡神河町立寺前小学校）

第５節　保護者や地域との連携・協働による「防災訓練」

１　連携・協働による防災訓練の効果

１）防災訓練による連携・協働の意義と効果

学校と専門機関や地域の連携・協働による防災訓練は、校外からの影響が児童・教職員の災害発生時の対応体制の習得・理解を助長し、専門的見地からの対応体制の点検・充実を図ることができるとともに、地域の人たちに災害時での学校の危機管理への理解を促進し、保護者や地域の災害時等における役割への理解を深めることなどがその効果としてあげられる。地域住民等の参加による訓練を重ねることにより、地域ぐるみの児童の安全確保対策や学校の防災拠点機能への理解が促進される。

合わせて、防災訓練への参加を通じて、地域・住民と学校・教職員とのかかわりが深まり、学校教育全般に亘って連携・協働への意識を醸成することができることも期待できる。

２）専門家等による助言と評価

自治会・町内会、自主防災組織等や消防署・警察署等と連携することにより、訓練内容の充実を図ったり、専門家等の助言や評価により、訓練の検証、危機管理マニュアルの点検、改善につなげたり、災害時のスムーズな連携・協働に資することができる。

また、近隣住民の訓練参加により、避難所となった場合等の学校の体制等への理解も進み、住民の協力も得やすくなって、災害時の防災拠点としての機能を有効に果たすことができる。

3）児童、家庭等への影響と効果

防災教育や危機管理対応を、学校と連携・協働することでの児童、家庭等に対する、影響や効果として次のことがあげられる。

① 児童や教職員の防災意識の高まり

地域の人の参加により、児童の緊張感も高まり、また、経験や専門的な立場からの助言等により、児童や教職員の防災に対する意識が高まる。

② 保護者や家庭の防災意識の高まり

児童と防災訓練での行動を一緒にし、直接見ることにより、保護者や家庭での防災への話し合いの機会が増え、保護者や家庭防災の意識の高揚につながる。災害発生時の保護者等の適切な行動への理解促進にもなる。

4）近隣の学校との協力

大規模災害の場合には、近隣の学校と協力することが必要になることも想定し、連携した訓練を実施することも有効である。

近隣の中・高・大学校等との連携により、児童と年齢差の少ない生徒や学生からの話を身近に感じ、児童の理解も進むなどの効果も期待できる。

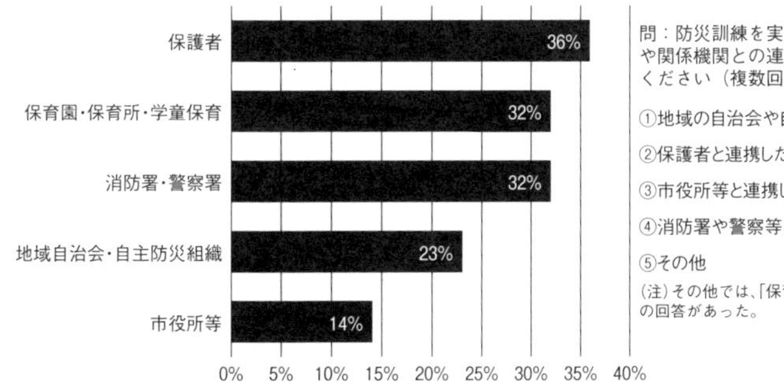

(注)「小学校における災害安全管理並びに防災教育に関する調査」関西国際大学2023年３月実施、淡路島島内９小学校対象。

図４　兵庫県淡路島島内９校を対象とした「小学校における災害安全管理ならびに防災教育に関する調査」

第６節　行政、関係機関等との連携・協働

１　行政、関係機関等との連携・協働の意義

都道府県及び市町村の地方自治体は、国の防災基本計画等に基づき、それぞれの地域の特性に応じた「地域防災計画等」を作成し、災害から住民を守るための体制を整備して種々の防災事業を行っている。

学校は、所在地の都道府県や市町村の「地域防災計画等」を理解し、市町村教育委員会や都道府県教育委員会をはじめ市町村の消防・防災部局や福祉部局等との連携を密にして、平時から連携体制を整備しておくことが重要である。

〈平時における主な連携・協働先〉
- 学校の体制、マニュアル等→教育委員会
- 所在地のハザード確認→防災部局、土木部局
- 防災訓練の指導→防災部局、消防署、警察署
- 避難所の運営体制→防災部局、保健福祉部局
- 避難経路の確認→防災部局、警察署、消防署
- 救急、救助体制→消防署、保健福祉部局、保健所

〈災害時等における主な連携・協働先〉
- 安否確認状況→教育委員会、消防署
- 学校の建物等被害状況→教育委員会
- 避難者受け入れ状況→教育委員会、防災部局
- 避難者の健康状況→教育委員会、保健所　保健福祉部局、防災部局
- 物資の調達関係→教育委員会、防災部局
- 応援職員の派遣→教育委員会、団体
- 学校再開→教育委員会
- 学校周辺の安全→教育委員会、警察署、団体

１）平時における連携・協働

学校では防災体制の整備や、充実にかかる関係部局等との連携はもちろんのこと、大規模災害時において、学校が地域の防災拠点となることが多いことから、市町防災部局等関係機関との事前の協議・調整を実施し、連携のための体制整備を行っておくことが必要である。

２）災害発生時の連携・協働

災害発生時には、自治体や関係機関からの情報収集や教育委員会などへの報告をはじめ、自治体、関係機関との連携・協働が必要である。

第７節　行政・地域等との連携・協働による「避難所運営」

災害が発生するおそれがあるときや災害が発生すると、市町村はあらかじめ指定している「指定緊急避難場所[(4)]」や「指定避難所[(4)]」を開設することになっている。

全公立学校のうち、約９割が避難所として指定[(5)]されており、また、避難所として指定されていない学校においても、大規模災害時や災害の種類によっては、近隣住民等の避難が有り得ることから、全ての学校において、災害時における住民避難への対応を考慮した備えをしておくことが必要である。

ただし、学校は教育施設であり、災害時に教職員が第一に果たすべきことは、児童の安全確保であり、教育活動の早期正常化であることから、「教育の場」としてできるだけ早い教育の再開が望まれる。このため避難所の運営は、避難者や地域住民等による自主運営への早期切り替えが必要であり、そのためには平時から、地域との連携・協働による避難所運営等についての体制づくりなどに取り組んでおくことが大切である。

１　避難所運営にかかる学校としての課題

１）長期化する避難所運営

各自治体においては、地域防災計画等において避難所にかかる事項を定めているが、避難所が開設されると「災害救助法」で定めるところにより、避難者に対して食品や飲料水の供給が行われる。

災害救助基準（災害救助法施行令）では、避難所の開設期間を「災害発生から７日間以内」と定めているが、過去大災害時においては、避難所廃止までに相当の期間を要しており、教育の再開に大きな影響を及ぼしたケースが多い[(6)]。

２）避難所運営面での主な業務と課題

避難所運営にかかる業務は多岐にわたり、開設当初においては、学校施設を管理する教職員による避難所運営支援業務も必然的に多くなる。

① 避難所の「開錠」

避難所の開設・運営は第一義的には各自治体の責務であり、多くの自治体では避難所設置時に、各避難所に自治体職員を派遣し開錠する体制を整備している。また、災害等の発生する時間帯によっては、自治体職員のほか学校教職員や周辺自治会役員等、あらかじめ指定された複数人が校門や体育館等の開錠を行うことや、地震災害時には一定の震度で校門が自動で開錠されるシステムを導入している自治体もある。しかしながら、これらの体制の構築ができていても、多くの災害において自治体職員等による開錠が間に合わず、避難者が押し寄せ混乱する事例が生じている。

② 避難所の運営体制の構築

避難所が開設されると、即刻、避難者の受け入れが始まる。自治体の担当者がすぐに配置されるとは限らず、昼間の在校中には教職員が避難所開設、運営の支援を行うことが多く、学校の協力支援が不可欠となる。

③ プライバシーの確保

大災害時には、避難所開設当初から多くの避難者が押しかけ、収容定員を超えた被災者の収容が必要になる場合も生じる。個々の避難者のスペースの割り当てや、小声での会話、着替え時の環境、不審者の侵入、貴重品の管理の問題などが発生し、プライバシーの確保が困難となるケースも多い。

④ 食料・物資の調達、管理、配給

避難所が開設された直後から、食料や毛布等物資の調達・配布など多くの問題が発生する。あらかじめ備蓄している物資や各地から届けられる大量の救援物資の仕分けや管理、配布等の支援業務が発生する。

⑤ 避難所生活環境維持

避難者の収容定員以上の受け入れ等が発生することや、運営上のルールづくりや室温、換気、明るさ、音、におい、ペット、トイレ、お風呂、清掃活動の問題など生活環境の維持に関する課題が多く発生する。

⑥　避難者の健康管理

高齢者、妊婦、障碍者、病人、感染症対応など健康面での対応が必要となる。

⑦　避難者の状況把握と教育委員会や防災部局との連携

避難者名簿の作成、避難者数の把握、避難所での問題把握、見回り、教育委員会や防災部局への状況報告など、消防・警察・保健所等の関係機関との連絡調整が必要となる。

2　避難所運営にかかる課題解決のための連携・協働

市町作成の「避難所運営マニュアル」をもとに、各学校の状況を考慮し作成する「学校防災マニュアル」において、避難所運営にかかる学校の役割分担を明確にし、避難者の自治組織による避難所運営へ移行するまでの間に教職員による支援が必要な内容について規定するとともに、市町防災部局や自治会・町内会等とその内容についてあらかじめ協議を行っておくことが重要である。

災害時における避難所運営は、学校だけが担うものではなく、地域だけが担うものでもないが、災害時には、行政も急増する業務に対応する人材不足に陥り、学校もまた、学校の教職員のみでは対応できない状況が生じることから、行政、学校、地域が三位一体となっての取り組みが必要である。

3　避難者等による早期の避難所運営の自立

児童の安全確保や、教育活動の早期再開を早期に進めるためには、教職員の避難所運営にかかる負担を極力軽減し、避難者等の地域住民主体の運営ができる仕組みづくりが重要である。

第８節　学校防災・危機管理での連携・協働の対象と留意ポイント

1　学校防災の連携・協働の対象

防災教育や災害対応における連携・協働の対象は多岐にわたり、幅広い人たちの参画が望まれるが、とりわけ校区内に所在する資源や、地域の人材を生かすことが効果的である。

〈主な連携・協働の対象〉

① 地縁組織　自治会、町内会　等
② 学校関係組織　保護者、PTA、学校運営協議会委員、卒業生、同窓会、地域内の他校　等
③ 防災関係組織　消防団、自主防災組織　等
④ 民間組織　NPO、ボランティア団体、民間企業　等
⑤ 個人　防災の専門家、被災経験者、高齢者、成人、学生　等
⑥ 関係行政　自治体の教育委員会、防災、福祉、まちづくり担当などの関係課、消防署、警察署　等

2　連携・協働するうえでの留意すべきポイント

ポイント１　校外との組織的・継続的な取り組みをする。

連携と協働の効果は、教職員の個人的な取り組みや一過性の取り組みでは十分に得られない。学校全体として組織的、継続的に行うことが必要である。

学校への学校運営協議会の設置が努力義務化されていることを踏まえて、法制化された地域学校協働活動推進員などを活用し、組織的・継続的に推進する体制を整備することが望ましい。

学校運営協議会の委員等に、人材・資源の発掘や企画調整に参加してもらうなど、学校としての組織的な取り組みの工夫をすることも必要で

ある。

また、地域や保護者などに学校の取り組みを直接示す機会を設けるなど、内容等が十分に理解される取り組みを積極的に行うことが重要である。

ポイント２　校内における組織的活動をする。

学校内での防災、危機管理に重要なのが、「組織活動」である。校内における教職員の役割を明確にし、平時や災害発生時における対応体制の整備を図る必要がある。

日頃から学校の組織活動として、保護者や地域住民、教育委員会や自治体の防災担当部局、消防署や自治会・町内会、自主防災組織など地域の関係機関・団体等と、学校行事への参加や情報交換などで密接な連携・協働に努め、地域の学校への理解促進の取り組みを計画的・積極的に進めていることが必要である。災害時においても日頃の取り組みの成果が生き、的確な対応につながる。

組織的活動のなかで学校安全計画に基づく教職員の校内研修の実施などによる内容の周知が重要である。

ポイント３　日頃からの連携・協働が大切である。

東日本大震災では、日頃からの「地域連携・協働」の重要性が認識され、学校と地域との間で、「事前の対策」や「役割分担」など、学校と地域住民等との打ち合わせ、訓練、交流等の度合いが高いほど、避難所運営等の対応がスムーズにできたとの結果が確認されている。

自治会・町内会、消防団や自主防災組織などの地域的組織との日常的な交流機会を増やし、日頃から防災など学校の安全について相互に意見交換、相談・協議できる環境づくりを進めておくことが重要である。

ポイント４　学校と地域等との「熟議」が重要である。

学校と保護者の間の災害時等の対応ルールづくりや、防災訓練など学校行事等の準備・運営には、事前における十分な話し合いで双方の理解を深めることや、実施後の振り返りが大切であり、この「熟議」や「振り返り」の過程で、学校と地域との連携・協働の新しい広がりが期待できる。

学校や地域の状況により、地域主催の行事と学校行事を合同で開催するなど、多様な手法を用いて効率的に実施することや関係機関の指導や参加を得ることで効果を高めることも必要である。

地域のことを熟知している地域の人たちと、子どもたちを守る立場にある教職員の双方が同じ土俵に立って話し合い、それぞれの役割を決め、理解を深めていくことが重要である。十分な話し合いの過程から新しい連携・協働の芽が育まれ、その輪が広がっていく。

ポイント５　地域の参加を拒む姿勢が、連携・協働活動を阻害する

地域の人たちに学校行事等で負担を掛けてはいけないと思ってしまうなど、学校が学校だけで頑張り過ぎてしまう姿勢や、地域の人たちは学校に来ないでほしいとの排他的姿勢が、地域の人たちの参加を困難とし、地域の人たちと学校との間の壁となり、一体となって児童を育む「地域とともにある学校」の実現を困難なものとする。

ポイント６　防災教育で、学校と地域の連携・協働活動を先導する

非常時のときほど学校と地域の連携・協働を必要とする。自然災害が発生すると、児童の安全確保や避難所運営など学校業務は飛躍的に増加する。学校だけでは困難な対応も地域の人たちが支援することで、効率的、効果的に行うことが可能となる。

地域もまた、地域の宝である児童の安全を確保し、防災拠点としての学校の活動と連携・協働することで、地域の安全を確保できる。

防災活動は、学校と地域の連携・協働の成果を最も理解しやすい学校活動であり、この取り組みが学校教育全体に波及する効果は大きい。

注

（1）内閣府「平成15年」防災白書」第3章3－1日常生活における「人の絆」の重要性

（2）地域学校協働本部 地域住民等の参画により、学校の教育活動を支援する仕組み。子供たちの学びを支援するだけでなく、地域住民の生涯学習・自己実現に資するとともに、活動を通じて地域のつながり・きずなを強化し、地域の教育力を向上させる組織。2015（平成27）年の中央審議会の答申で、「地域学校協働本部」として発展改組された。

（3）個人情報の保護に関する法律

　第18条　個人情報取扱事業者は、あらかじめ本人の同意を得ないで、前条の規定により特定された利用目的に必要な範囲を超えて、個人情報を取り扱ってはならない。

　2　（略）

　3　前二項の規定は、次に掲げる場合については、適用しない。

　①　略

　②　人の生命、身体又は財産の保護のために必要がある場合であって、本人の同意を得ることが困難であるとき。

　③～⑥　（略）

（4）「指定緊急避難所」（災害対策基本法第49条の4）は、避難指示等が発令されたとき、緊急的に避難する施設・場所であり、「指定避難所」（災害対策基本法第49条の7）は、災害発生時に、被災者等が一定期間避難生活をする施設。

（5）文部科学省2019（平成31）年3月調査。対象の全国の公立学校数33,285校のうち、避難所に指定されている学校数は、30,349校（91.2％）であった。http://www.mext.go.jp/a_menu/shisetu/bousai/1420458.htm

（6）阪神・淡路大震災では、全ての避難所が閉鎖されたのは6か月、東日本大震災では、岩手県で7か月、宮城県で9か月を要した。

参考文献

文部科学省生涯学習政策局「地域学校協働活動ハンドブック」平成30年1月発行

中央教育審議会「新しい時代の教育や地方創生の実現に向けた学校と地域の連携・協働の在り方と今後の推進方策について（答申）」平成27年12月21日

藤原文雄・生重幸恵・竹原和泉・谷口史子・森万喜子・四柳千夏子『学校と社会

をつなぐ』 学事出版、2021年
時岡晴美・大久保智生・岡田涼・平田俊治編著『地域と協働する学校』福村出版、2021年
坂田仰『学校のリスクマネジメントハンドブック』時事通信社、2018年
「文部科学省所管事業分野における個人情報保護に関するガイドライン」(平成24年3月29日文部科学省告示第62号)
「震災時における学校対応の在り方に関する調査研究」(株) ベネッセコーポレーション、平成24年3月
「学校における働き方改革に関する緊急対策の策定並びに学校における業務改善及び勤務時間管理等に係る取組の徹底について」文部科学事務次官通知　平成30年2月9日
岡山県教育委員会「地域から信頼され応援される学校づくり」2019年改訂版
中央教育審議会「新しい時代の教育や地方創生の実現に向けた学校と地域の連携・協働の在り方と今後の推進方策について(答申)」平成27年12月21日
兵庫県教育委員会「学校防災マニュアル」令和元年度改訂版
文部科学省「学校の危機管理マニュアル作成の手引」平成30年2月
震災・学校支援チーム「EARTHハンドブック」(令和2年3月改訂版)
一般財団法人日本防火・危機管理促進協会「避難所の指定・管理に関する調査研究」(令和2年度危機管理体制調査研究報告書) 令和3年3月
文部科学省「避難所となる公立学校施設の防災機能に関する調査結果について」令和元年8月28日
文部科学省「避難所となる学校施設の防災機能に関する事例集」令和2年3月
長屋和宏「つくば市学校防災手帳の取り組み」防災教育学会第4会大会　予稿集〈上巻〉2023年6月10日

コラム5

【先進事例】つくば市学校防災手帳の取り組み

つくば市では、訓練・体験を通じた経験・課題をとりまとめ、平素より防災を意識できるツールとして「つくば市学校防災手帳」を作成している。

「つくば学校防災手帳」は、児童・生徒及び保護者のために学校用として"カスタマイズ"した防災冊子（写真）であり、児童・生徒及び保護者は、常に携行することを基本としている。具体的な記載内容は、地震発生時等を想定し、児童・生徒の目線では、自分の身の守り方や避難時のポイント、保護者の目線では、学校等と連絡

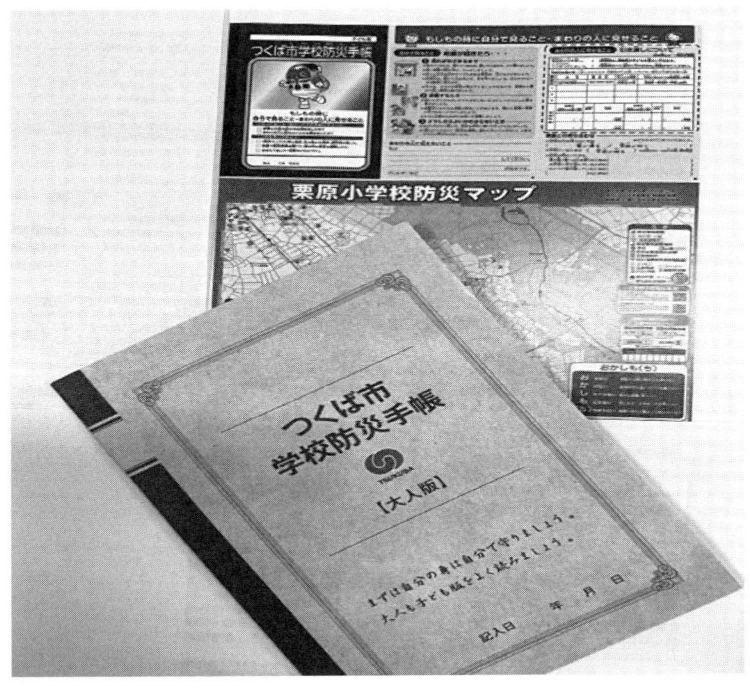

が取れないことを前提とした対応等について記載している。例えば、児童生徒の引き取りに関しては、東日本大震災の経験に基づいた記載がされている。当時、つくば市内の小学校では、児童を保護者へ直接引き渡しての下校となり、保護者の迎えが困難な場合には、代理人等を記した「引き渡しカード」に基づき引き渡しが行われた。しかしながら、地震直後の混乱のさなか、代理人とはなっていない同級生の保護者が好意で引き取りを申し出るケース等があり、震災後の意見交換で問題認識の声が聞かれた。問題点としては、教室より直接屋外避難をしたため引き渡しカードが持ち出せなかった、両親の不在を認識している児童が不安を抱え、友人保護者等と早く帰りたいという気持ちを落ち着かせられなかった、等があげられた。そのため、「防災手帳」では、「引き渡しカード」と同じ記載欄をもうけ、学校への提出とは別に、児童・生徒及び保護者が携帯することで、それぞれどのように引き渡しを行うかを常に確認できるようにしている。「防災手帳」を開いた裏面には、各小学校区サイズの防災マップを掲載している。

教職員はもちろんのこと、保護者や児童等が緊急時における対応の理解を深める点では、保護者や行政と協働した積極的、効果的な参考取組である。

一方では、記載内容のメンテの時期、個人情報の管理、目的外への流用等の課題も考えられることからこれらの点にも配慮し、記載内容の工夫、作成後の管理（特に、児童自身に携帯させる場合の管理の徹底）等に十分留意し、作成・活用することが望まれる。

第6章 過去の災害からの教訓

Introduction

日本は４つのプレートが交わる場所に位置していること、環太平洋火山帯に位置していることから、地球上の他の地域に比べても地震・津波、火山噴火の地盤災害の発生頻度が極めて高い。さらに、周囲が海に囲まれていて、太平洋上で発生した台風が勢力を増して日本列島に毎年接近・上陸することなどから気象災害も多く発生し、幾多の大災害を経験してきた。

災害を経験すると、被災した地域が中心となり、災害後に災害の原因や被害状況、事後対応について振り返りが行われ、導き出された教訓をベースに、被災地のみならず全国的にも次の災害への備えが順次行われてきた。

我が国における災害による死者数は、風水害についてはトレンドとしては減少傾向にあるものの、阪神・淡路大震災や東日本大震災など、大地震により甚大な犠牲者が発生している。

これまでの章においても、様々な過去の災害の経験と教訓を踏まえた学校安全管理について記述されてきたが、この章では、それらのベースとなる主な災害事例と教訓を、国内のみならず海外事例も踏まえてまとめて記載した。

第１節　学校管理下における過去の地震

１　死者を伴う被害地震の発生時間

学校に教職員が出勤している時間帯は、学校によって異なるが、一般的には平日は午前８時から午後４時までの８時間（33%）で、これから土休日、休業日、長期休暇（約10週）を除くと、１年間の約20%が学校管理下にある時間となる。

一方、戦後（1945年以降）における死者を伴った被害地震31件のうち、学校管理下で起きた地震件数は６件（19%）となっている。2018年６月18日（月）７時58分に発生した大阪府北部地震はこの６件には含まれないが、登校時間に発生していたことからこれも含めて７件（23%）とすると、年間の学校管理下の割合とほぼ一致している。

第５章第１節５）に記載のとおり、1995（平成７）年の阪神・淡路大震災では、地震発生の時刻が早朝（AM.5:46）であったため、在校している児童はいない状況であり、主として、在宅している児童の安否確認、避難所対応、学校の再開への取り組みなどに課題が生じた。学校管理下以外の時間帯で発生した他の地震については、おおむね阪神・淡路大震災の教訓と類似している。

２　災害により児童生徒が被害を受ける時間と場所

学校管理下の時間に起きた地震によって児童生徒に被害が及ぶ場所としては、学校内がまず考えられるが、そのほかにも学外活動中での災害発生も考えられる。

学校管理下以外の時間帯では、校舎内での被災は起きないことから、児童生徒が被害を受けるケースとしては、

（１）学校管理下における学校内
（２）学校管理下における校外
（３）学校管理下外の時間帯での校外

に分けられる。

表1　死者を伴う被害地震の発生時刻（戦後）

	学校管理	年	月	日	曜日	時間	M	死者	負傷者	地震名（通称）
1		1946	12	21	土	04:19	8.0	1,330	NA(不明)	南海道地震
2		1948	6	28	月	17:13	7.1	3,769	NA	福井地震
3	○	1964	6	16	**火**	**13:01**	7.5	26	NA	新潟地震
4	○	1968	5	16	**木**	**09:48**	7.9	49	NA	十勝沖地震
5		1978	1	14	土	12:24	7.0	25	NA	伊豆大島近海の地震
6		1978	6	12	月	17:14	7.4	27	NA	宮城県沖地震
7	○	1983	5	26	**木**	**11:59**	7.7	104	NA	日本海中部地震
8		1993	7	12	月	22:17	7.8	201	NA	北海道南西沖地震
9		1995	1	17	水	05:46	7.3	6,432	43,792	兵庫県南部地震 (阪神・淡路大震災)
10		2000	7	1	土	16:01	6.4	1	0	神津島東方沖地震
11		2001	3	24	土	15:27	6.7	2	287	芸予地震
12		2004	10	23	土	17:56	6.8	68	4,805	新潟県中越地震
13		2005	3	20	日	10:53	7.0	1	1,087	福岡県西方沖地震
14		2007	3	25	日	09:41	6.9	1	356	能登半島地震
15	○	2007	7	16	**月**	**10:13**	6.8	15	2,345	新潟県中越沖地震
16		2008	6	14	土	08:43	7.2	23	451	岩手・宮城内陸地震
17		2008	7	24	木	00:26	6.8	1	211	岩手県沿岸北部地震
18		2009	8	11	火	05:07	6.5	1	319	駿河湾地震
19	○	2011	3	11	**金**	**14:46**	9.0	15,889	6,152	東北地方太平洋沖地震 (東日本大震災)
20		2011	3	12	土	03:59	6.7	3	57	長野・新潟県境付近
21		2011	4	7	木	23:32	7.2	4	296	宮城県沖地震
22		2011	4	11	月	17:16	7.0	4	10	福島県浜通り地震
23	○	2011	6	30	**木**	**08:16**	5.4	1	17	長野県中部地震
24		2012	3	14	水	21:05	6.1	1	1	千葉県東方沖地震
25		2012	12	7	金	17:18	7.3	1	15	三陸沖地震
26		2016	4	16	土	01:25	7.3	273	2,809	熊本地震
27	△	2018	6	18	**月**	**07:58**	6.1	6	462	大阪府北部地震【登校時間】
28		2018	9	6	木	03:07	6.7	43	782	北海道胆振東部地震
29		2021	2	13	土	23:07	7.3	1	187	福島県沖地震(2021)
30		2022	3	16	水	23:36	7.4	4	247	福島県沖地震(2022)
31		2023	5	5	金	14:42	6.5	1	48	石川県能登地方地震

出典：地震本部「世界の被害地震の表（古代から2018年まで）」、気象庁 HP「日本付近で発生した主な被害地震」より作成

第２節　学校管理下の時間帯に発生した地震と教訓

地震の場合は発生の事前予知は現状では不可能なことから、事前に帰宅するなどの対策をとることはできない。

これにより、学校管理下の時間帯で地震が発生すると児童生徒に直接的な被害が及ぶ可能性がある。表１の学校管理下の時間帯の地震については、以下の事例がある。なお、東日本大震災は別掲する。

１）1964年新潟地震（６月16日（火）13:01　M7.5　死者26人）

この地震により、新潟県内の公立文教施設の被災は、幼稚園５、小学校393、中学校163、高等学校60校にも上った。そのなかでも都市人口密度の高い新潟市では、小学校、中学校、高等学校（総数78校）の約75％にあたる59校が被災した（表２）。被害状況の主なものは、校舎（木造、鉄筋）の構造への被害に加え、地盤の液状化による不同沈下、地下水噴出による浸水、校庭の陥没などが特徴的であった。また、東新潟中学校理科室では薬品（黄りん）の落下散乱による出火があった。教員や生徒の初期消火により大事には至らなかったが、理科教室における薬品や実験器具の管理手法に課題を残した。

被災地においては、鉄筋コンクリート造の県営アパートの横転、石油会社の重油タンク火災、津波による浸水など被害は甚大で、全壊（焼）世帯数は総計3,557世帯にも及んだ。

学童被害は、新潟市においては６歳になる男児が砂山で遊戯中に砂中に埋まって死亡した事例と、小学１年女児が津波からの避難中、傷口から体内に入った破傷風菌により死亡した事例があった。

この地震は校舎内に児童生徒がいる時間帯で、校舎被害が甚大であったことから、学校内での人的被害が多くあってもおかしくない災害で、地震による液状化対策、建物の耐震性の強化がクローズアップされた。

２）1968年十勝沖地震（５月16日（木）9:48　M7.9　死者49人）

十勝沖地震により青森県南部町の名川中学校（旧剣吉中学校）では、裏山が崩れて４人の生徒と２人の卒業生が巻き込まれて犠牲となった。

表２　新潟市内の学校施設被災概況（上）
学校施設の被災状況一覧抜粋（下）

公私立の別	学校種別	全学校数（A）	被災学校数（B）	$\frac{(B)}{(A)}\times 100$	被害額（単位千円）
市立	幼稚園	1	1	100.0	794
	小学校	46	35	76.6	1,374,480
	中学校	22	14	63.6	495,749
	高等学校	3	3	100.0	162,368
県立	高等学校	7	7	100.0	255,848
	養護および聾学校		2		44,639
私立	幼稚園		15		21,100
	高等学校		1		93,966

（出典：新潟市編『新潟地震誌』112〜117頁より作成）

学校名	所在地立地条件	定員数（児童数）	学級数	建物被害状況			被害金額（復旧事業費）	プール使用	被害状況
				鉄筋	鉄骨	木造			
東山ノ下小	信濃川と阿賀野川を結ぶ、通船川の川岸に所在、砂質低地	1,601	38	大	大	大	千円 163,340		1. 木造校舎1223㎡は柱の破損、基礎の破壊、傾斜等倒壊寸前となった。2. 校地全体が陥没したため、校舎の傾斜、沈下浸水、床の隆起により、校舎の継目が大きく開いた。3. 鉄筋造の渡り廊下（吹きぬき）の柱が折損陥没して倒壊寸前の被害をうけた。4. 校地全体が50cm 以上陥没し、その上不同沈下を生じたため排水不可能となり、地下水の浸水、及び建物の破損の際、器物落下し、教材教具が破損した
白山小	昭和大橋西詰取り付け道路側、信濃川河畔に所在、砂質昭和初期埋立	1,213	28	大			234,707	不可	1. 全校舎の大半が柱、梁の折損、極度の傾斜を生じ、危険な状態。2. 床のもり上り壁の亀裂。3. プールがまん中から折損、屋外の遊具等が沈下破損した。4. 校地全体が不同沈下、無数の亀裂地下水噴出と共に土砂が流散した。5. 地下水の浸水及び器物の落下等により多数の教材教具が流出破損した
南万代小	八千代橋東詰取り付け道路側、信濃川河畔に所在、砂質、埋立	1,212	28	大	中		153,548		1. 鉄筋建物が傾斜し、渡り廊下が半壊また校庭の棚が破壊した。2. 校地は、全体に陥没、亀裂、隆起した。3. 教室棟１階に土砂流入、物品がほとんど全滅の状態となった
白新中	越後線鉄橋西詰、信濃川河畔、砂質、埋立	1,796	39	小		大	189,993		地震のため校地不同沈下し、従って校舎全般に渡り大きな波状となり、基礎柱が折損し、危険な状態となった。校地全体不同沈下し、特にグランド中央部が大きく陥没した
宮浦中	漁業埠頭に近く、大正年代（?）の万代橋東取り付け口付近、砂質	1,817	39	大		大	226,517	不可	鉄筋の建物は約１m 沈下傾斜し、柱に大きな亀裂を生じた。プールの中央部が隆起し亀裂を生じ使用できない。建物の周辺が陥没し、グランドが約50㎝隆起した。地下水の吹き上げおよび津波により多数の機材、機具が流出、破損した

（出典：新潟市編『新潟地震誌』より作成）

この中学校では、この地震を教訓として、命の大切さや災害から命を守る日頃からの防災の大切さを風化させることなく伝えるため、地震発生日の追悼と防災訓練が続けられている。

3）1983年日本海中部地震（5月26日（木）11:59　M7.7　死者104人）

この地震の犠牲者は104人であるが、うち100人は青森・秋田両県の沿岸で3～7m、最大14mの遡上高を記録した津波による犠牲者であった。そのなかでも、遠足に来ていた合川南小児童49名中13名が海岸で犠牲になったことが学校安全を考えるうえでの重要な教訓といえる。

地震当日、男鹿半島の加茂青砂海岸に、秋田県内陸部にある合川南小学校の4・5年生45人と教員2人が遠足に来ていた。一行はバスのなかで地震の揺れを感じたが、目的地の海岸に着いたときには揺れも収まっていたことから海辺に出て弁当を広げ始めたところ、大津波が襲い全員が流された。地元の人々が船を出して懸命の救出に当たったが、13人が助からなかった。

この惨事の後、引率者に対して「海岸で地震を感じたなら、なぜ津波を予想しなかったのか」という厳しい批判が相次いだ。

この事例は、学校行事である遠足中に、校舎外で犠牲者が出たケースで、引率教員が地震と津波の関係、日本海での津波発生の可能性などを正しく理解し、即座に判断して海から離れていれば、防ぐことのできた犠牲であったといえる。

4）2007年新潟県中越沖地震（7月16日（月）10:13　M6.8　死者15人）

この地震による死者15名の年齢は59歳以上で、児童生徒に犠牲者は発生しなかった。また、避難所となった柏崎市内の小学校の被害は軽微であった。

5）2011年長野県中部地震（6月30日（木）8:16　M5.4　死者1人）

長野県中部地震は、東日本大震災の3か月後に起きた地震で、学校管理下の時間帯に発生したが、死者は44歳の男性1名で学童の被害はなかった。学校被害としては、中学校校舎の天井板落下やグラウンドのひび割れなどで軽微であった。

6）2018年大阪府北部地震（6月18日（月）7:58　M6.1　死者6人）

大阪府北部地震は、大阪市北区、高槻市、枚方市などで震度6弱、大阪府、京都府、滋賀県、兵庫県、奈良県の一部市区町村で震度5弱以上を観測した。地震による死者は6名、うち2名（1名は高槻市の小学校4年女子児童）がブロック塀の崩落に巻き込まれて死亡したことが特徴的である。

このブロック塀倒壊事故を受け、通学路をはじめブロック塀の点検が全国的に行われ、ブロック塀等の耐震診断や撤去が促進されるきっかけとなった。

第3節　東日本大震災における被害と教訓

2011（平成23）年3月11日に発生した東日本大震災は、学校管理下の時間帯での地震津波であった。1都10県での大学生以下の犠牲者は659人にも上った（表3）が、犠牲者のほとんどは津波による溺死で、学校倒壊等に起因する死亡報告は上がっていなかった（H23.6.1文科省）。

なかでも、宮城県石巻市大川小学校において、在校児童108名中74名・教職員10名が犠牲になった例があまりにもよく知られている。

すでに事故検証委員会の報告書も提出され、児童の遺族が起こした訴訟の最高裁判決も確定している。仙台地方裁判所の判決文では、震災発生後、市広報車が学校周辺で津波が迫っていることを告げており、教員らは津波襲来の7分前には危険性を具体的に予見したのに、安全な裏山でなく不適当な場所へ避難しようとしたと認定、回避義務違反の過失があったと認定し、遺族に対して市と県に総額14億円余りの支払いが命じられた。

この小学校は河口から約3.7kmの距離があり、過去に津波被害がなかった場所であったことからハザードマップには津波避難場所に指定されており、より安全な二次避難場所については事前に決められていなかった。津波当日には一旦児童を校庭に避難させた後、次の避難判断に時間を要し、そのあげくに安全な裏山に逃げた生徒を呼び戻して危険な川に近い小高い三角州に避難させて多くの犠牲を出した。また、第5章

第３節に記載のように、迎えに来た保護者への児童引き渡しにも課題を残した。

一方、「釜石の奇跡」とも称された岩手県釜石市の鵜住居小学校と釜石東中学校の在校生被害ゼロの事例もある。

岩手県の釜石市では、約1,300人の犠牲者が出た。大槌湾に面した鵜住居地区も津波で壊滅的被害を受けながら、鵜住居小学校と隣接する釜石東中学校にいた児童生徒約570人は、全員無事に避難することができ「釜石の奇跡」とよばれている。

鵜住居小学校では、地震直後校舎３階に児童が集まったが、隣の釜石東中学校では生徒が校庭から高台に向けて駆け出しているのを見て、日ごろの両校合同訓練を思い出し、自らの判断で児童生徒は約500m先の高台（ございしょの里）へ、さらに高い介護福祉施設まで避難。そして、

表３　東日本大震災における学校施設の被害状況等（平成24年９月14日）

(1) 人的被害（9月13日10時00分現在）
※死亡・負傷は被災した場所、行方不明は在籍している学校等の場所

都道府県名	国立学校（人）		公立学校（人）		私立学校（人）		社会教育・体育、文化等（人）		独立行政法人（人）		その他（人）		計	
	死亡	負傷	死亡	負傷	死亡	負傷	死亡	負傷	死亡	負傷	死亡	負傷	死亡	負傷
岩手県	1		84	15	21	18	4	2					110	35
宮城県	8	2	348	27	104	14		1					460	44
福島県	1		75	6	11	9		2					87	17
茨城県				10				4						14
栃木県				37		4								41
群馬県				10		4								14
埼玉県		2		6		2								10
千葉県		1				3		1		1				6
東京都		5			2	68		1					2	74
神奈川県				2		3								5
新潟県				2										2
計	10	10	507	115	138	125	4	11		1			659	262
合計		20		622		263		15		1				921
1都10県	大 9 高専 1	10	幼 8 小 223 中 105 高 158 大 2 特別 10	1 42 53 11 5 3	幼 80 高 8 中等 1 大 42 短大 3 専門 4	2 5 83 35	社教 3 社体 1	5 6	独法	1				

（出典：文部科学省平成23年６月８日）

図１　釜石の出来事　(出典：総務省消防庁)

波が堤防を越えたという消防団員らの声を聴いて、さらに高い石材店までかけのぼり、学校やまちは津波にのまれたものの、在校していた児童生徒に犠牲者は出なかった（図１）。

この「釜石の奇跡」は、奇跡的に運が良かったからではなく、日ごろから行われていた防災教育や訓練を重ねていた子どもたちが普段から行っている行動を当たり前に実践した結果が起こしたもので、「釜石の出来事」とも改められている。

子どもたちは、日頃の防災教育の積み重ねと実践により、次の「避難３原則」を徹底して身につけていたことがこの死者ゼロにつながったとされている。

①想定にとらわれない
②状況下において最善をつくす
③率先避難者になる

津波への備えが不十分で的確な判断がされずに84名が犠牲となった「大川小学校の悲劇」と、日頃の防災教育の積み重ねで犠牲者を出さなかった「釜石の出来事」は、防災教育、訓練が極めて重要であることをあらためて喚起させる対照的な事例といえる。

第４節　学校管理下の時間帯に発生した風水害等

１　学校管理下の時間帯に発生した風水害

地震の発生は、現在の科学ではピンポイントでの事前予測は不可能とされているが、風水害等の気象災害については、気象レーダー、気象観測衛星などの観測体制の構築が進み、事前予測が高精度で可能となっている。特に台風予測については、台風発生時から５日先までの予報が１日ごとに気象庁から発表され、さらに日本に接近してくると24時間先までの詳細な位置や大きさの予報が毎正時の観測をベースに発表される。

台風などによる大雨に関する気象庁からの防災気象情報は、注意報、警報に加えて、2013（平成25）年から「特別警報」の運用が開始されている。さらに、市町村が発表する避難情報についても、2021（令和３）年５月には従前の「避難勧告」が廃止されて避難指示に一本化された。このように防災気象情報はより詳細に段階的に発表され、情報に応じて住民がとるべき行動についても解説されているが（図２）、複雑でなかなか理解しにくいことから、防災気象情報がより行動に直結するよう改善されることが望まれている。

これらのことから、気象災害に際しては、事前に予警報が発表され、事前に災害発生の危険性を察知することができることから、警報等の発表により休校措置が事前にとられ、学校内での児童生徒への被害発生は基本的には起きない状況にある。

しかしながら、突発的な竜巻や局地的な豪雨などは、ドップラーレーダーなどの観測網の整備が進んでいるものの、ピンポイントでの予報は未だ困難な状況にある。

このように、予警報発表の体制が充実してきていることから、風水害の学校管理下での被害事例は、最近では見当たらないが、災害史をさかのぼると1934（昭和９）年９月21日の室戸台風の被害事例がある。この台風は、淡路島を通過して午前８時ごろに阪神間に再上陸し、大阪から京都付近を経て若狭湾に抜け、大阪、京都を中心に死者行方不明者は

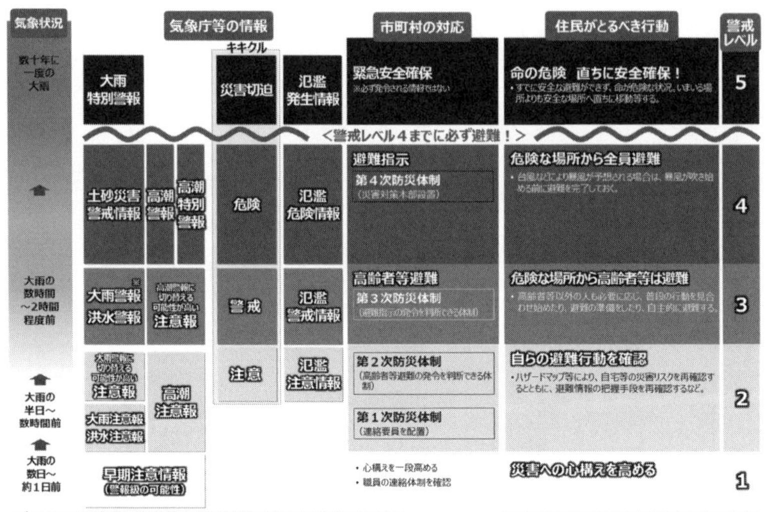

図２　段階的に発表される防災気象情報と対応する行動
(出典：気象庁ホームページ)

3,036人にのぼった。大阪府下では登校直後の時間帯となり、児童・教員719人が犠牲となった。京都府下でも、死者245名中児童・教員が170名に達し、死者全体の69%と高い割合を占めた。

大阪府下では、木造校舎を中心に164校が暴風により倒壊しており、それにより児童・教員の多くが犠牲となった。章末コラム６−１に、京都市下京区大内小学校の日誌を示すが、校舎倒壊は８時30分ごろが多く、台風上陸にもかかわらず、学校は休校にならず児童・教員は暴風雨のさ中を登校しており、当時圧倒的に多かった木造校舎内で犠牲となった。

一方、強風で校舎の18教室が全壊したが、犠牲者は一人もいなかった当時の京都府立桃山中学校の事例もある。章末コラム６−２に旧文部省がまとめた室戸台風の新聞編集記事を示すが、この中学校では校舎が倒壊する危険を察知した校長が、暴風雨のなかにもかかわらず校庭に生徒を避難させて難を逃れた。当時の校長の迅速な決断が校内では犠牲者を一人も出さなかったことが、同校に残る石碑にも刻まれ、当時の教訓が今に伝えられている。

2　局地的豪雨による都市河川事故（神戸市灘区都賀川水難事故）

民間学童保育の活動中に起きた川の死亡事故として、2008年７月28日に起きた神戸市灘区・都賀川での水難事故がある。この日は昼過ぎまでは晴れていたが、活発化した前線の影響により14時半ごろから神戸市に突発的、局所的な集中豪雨が発生した。

都賀川は、阪神・淡路大震災の教訓により、緊急時に河川水が利用できる設備や、環境への配慮を踏まえた遊歩道など親水施設も整備されており、市民の憩いの場として親しまれていた。

この日の局地的豪雨時に、川遊びなどで河川敷にいた近隣の民間学童保育所の引率者と子供を含む16人が急激な水位上昇により流され、うち11人は救助されたが、小学生２人、保育園児１人を含む５人が死亡した。亡くなった小学生２人も、その民間学童保育所に在籍する子どもであった。14時42分に増水が始まり、18分後の15時には水位がピークとなり、その10分後には遊歩道以下の水位に戻るという極めて急激な予測困難な増水による事故であった。

この事例は、河川氾濫による水災害ではなく、本来、降水量が多いときには川の水が流れることが想定された高水敷に、降雨時にも関わらず子供や引率者が残っていたことによるもので、災害ではなく「水難事故」として扱われている。

引率者が都市河川の特徴をあらかじめ知り、刻々と変化する気象状況に敏感に反応して的確な判断ができていれば、危険な場所を避けて早めに避難することで、このような悲劇的な事故は回避することができたはずである。親水性のある河川整備・管理を行っている行政も、このような事故を防止するため、回転灯やサイレンの設置が順次行われている。

［川遊びをするときの注意事項］

1．川の水は、急に一気に増水するときがある
2．山に黒くて分厚い雲がかかったり、雷が聞こえてきたら、川から上がる
3．雨が降りだしたら、河原にとどまらずに安全な場所に移動

第５節　海外における地震津波の事例と教訓

これまで国内における学校管理下における自然災害の事例を中心にあげてきたが、目を海外に転じて、防災教育が被害を最小限に抑えた2004年インド洋大津波（2004年12月26日）に際しての優良事例２例をあげる。

2004（平成16）年12月26日に発生した、スマトラ島沖を震源とする巨大地震により、インドネシア、タイなどで約23万人が尊い命を奪われ、クリスマス休暇であったことから、日本人40名を含む多くの外国人観光客も犠牲となった。

1　タイ プーケット島マイカオビーチでの10歳の少女による津波避難

この日、英国から家族でタイプーケット島のマイカオビーチに来ていたティリー・スミスさん（当時10歳）は、目の前で海面が下がり、泡立つ様子を見て、２週間前に地理の授業で学んだばかりの「津波」だと気づき、家族に避難を呼びかけた。彼女の強い説明により、半信半疑だった家族から海岸の警備員に伝わり、ビーチにいた100人を超える観光客が高台に避難することができ人的被害を逃れた。

このエピソードは、防災教育が多くの人たちを救ったことを伝える事例として、当時の国連津波特使のビル・クリントン元米国大統領にも当時の状況を彼女が直接伝えるなど、世界の注目を浴びた（https://www.youtube.com/watch?v=V0s2i7Cc7wA）。

2　インドネシアシムル島の津波の歌による伝承と避難訓練

震源に近いインドネシア アチェ州では、地震による津波などで16万人以上が犠牲となった。しかし、人口約72,000人のシムル島では、震源地から約60キロしか離れておらず沿岸部には66,000人が住んでいながら犠牲者は５人にとどまった（図３）。

島民は地震の揺れを感じ、海面が下がり露出した海底で魚が飛び跳ねるのを見て、口々に「津波が来る」と叫びながら丘に駆け上がり、ほとんどの島民が難を逃れた。

シムル島には1907年に島を襲った津波を教訓に津波避難の歌詞が加えられた「スモン(津波)」の歌が、子守歌や祭りなどで歌い継がれていた。インド洋大津波で強い揺れが島を襲って海面が変動するのを見て、多くの島民がすぐに津波の来襲を察知して声をかけながら早期避難できた事例である。

図３　スマトラ沖地震の震源（2004年12月）

シムル島では歌による津波の伝承だけでなく、定期的に津波避難訓練も繰り返されており、この事例によりシムル島のコミュニティグループは国連笹川防災賞（2005年）「Certificate of Merit」を受賞し、人と防災未来センターが中心となって開催した「世界語り継ぎネットワーク（TeLL-Net）」設立総会に際して、JICA関西でダミル市長夫人によりこの歌が神戸でも披露された。

> [The SMONG SONG（津波の歌）]
> みなさん、話を聞いてください
> 昔々、海の底でそれは始まりました
> まず、地面が揺れて、それから壁のような水がやってきました
> あっという間に村は水の底。
> だから、もし地震を感じたら、走って走ってとにかく高い所をめざしなさい
> Smongは、私たちのご先祖から聞いた話。よく覚えておきましょう
> ご先祖の言い伝えをよく聴きましょう
> 津波は風呂の水。地震はやさしい子守歌。雷はタンバリン。稲妻は花火。

アジア防災センターは2005年３月から12月にインドネシア、スリラン

カ、モルディブ島において住民の津波に関する知識についてのアンケート調査を実施した。インドネシアについては2005年９月～12月に被害が大きかったバンダアチェ、北スマトラ西部、ニアス島、それにシムル島の住民を対象にアンケート調査が実施された。

「津波について知っていたか」との問いについては、バンダアチェ、北スマトラ西部で約２割、ニアス島では約３割にとどまっていたが、シムル島では、約８割と極端に多かった（図４）。これは表４に示す各地

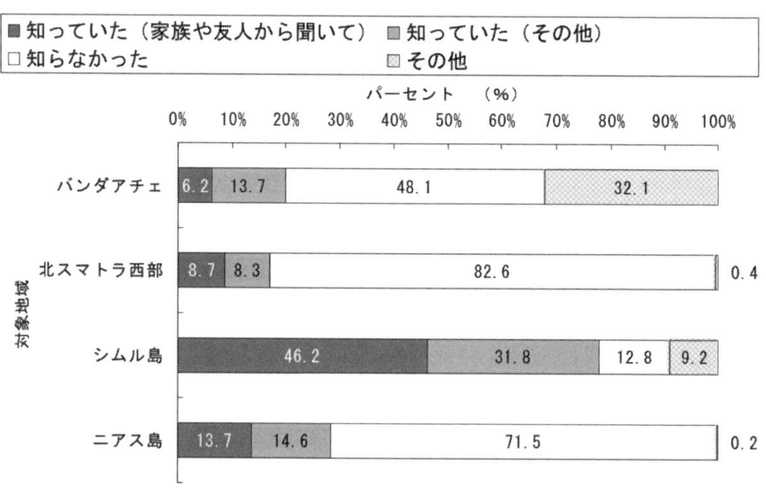

図４　津波に関する事前の知識の有無（インドネシア）

〔出典：地域安全学会論文（アジア防災センター　荒木田勝、栗田哲史、2006年11月、No. 8 より引用）〕

表４　インドネシア調査地域の犠牲者数

調査地域	死者・不明者数 5)	人口（概数） 6)-8)
バンダアチェ	30,000	240,000
北スマトラ西部	19,800	300,000
シムル島	9	72,000
ニアス島	257	433,000

〔出典：地域安全学会論文（アジア防災センター　荒木田勝、栗田哲史、2006年11月、No. 8 より引用）〕

域の犠牲者の人口に対する割合がバンダアチェは12.5%であったのに対して、震源に最も近いシムル島が0.01%と極めて少なかった。

このことは、地震津波についての知識が学校における防災教育によるというよりも、コミュニティにおける防災教育、あるいは防災文化のようにして島民に広く定着していて、地震を感じたら何をすべきかがほとんどの島民の頭に浮かび、即座に同時に行動に移したことが犠牲者の数を大幅に減らすことにつながったと考えられる。

第6節　まとめ

この章では、主に第二次世界大戦後の被害地震31件のうち、学校管理下の時間帯に発生した7件（登校時間中だった大阪府北部地震を含む）すべてと、台風により学童被害の出た1934（昭和9）年の室戸台風について学童の被害状況を整理し、教訓を抽出した。さらに、学校管理下の時間帯における学外活動での事故、海外事例についても関連する事例からも教訓をまとめた。

第1節の2で分類した3つのケースについてあらためて得られた教訓を以下にまとめる。

1　学校管理下における学校内での犠牲

このケースに当てはまる災害は、1964年新潟地震、1968年十勝沖地震、2011年東日本大震災の3事例であった。

新潟地震で犠牲になった子供達は、砂山で遊んで砂に埋まって亡くなった6歳男児と、津波からの避難中に傷口から破傷風菌が入り数日後に亡くなった1年生女児の2名。十勝沖地震では、中学校の裏山が崩れて4人の生徒が巻き込まれた。そして東日本大震災では、避難場所が適切ではなく津波に巻き込まれて亡くなった多数の事例が報告されている。

義務教育の名のもとに、ほとんどすべての子供たちが行くこととなる小中学校等については、十分な耐震性を有した安全で安心して勉学に励める校舎を提供する必要がある。大地震が発生するたびに建物の耐震基

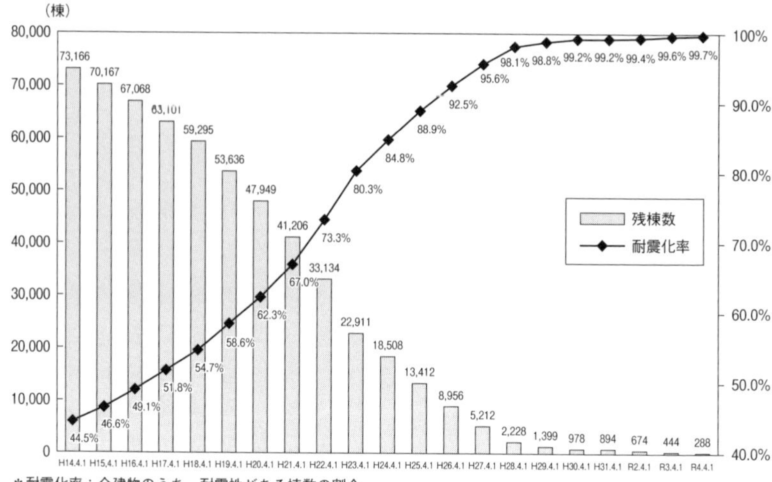

＊耐震化率：全建物のうち、耐震性がある棟数の割合。
＊H23.4.1については岩手県、宮城県、福島県を除く。
＊H24.4.1 ～ R4.4.1については福島県の一部を除く。

図５　小中学校の耐震化率等の推移
（出典：文部科学省報道発表資料　令和４年８月８日より作成）

準等が見直され、学校施設をはじめとした公共施設の耐震化は、特に阪神・淡路大震災以降進められており、2022（令和４）年４月現在では、小中学校の耐震化率は99.7％と高い数値を示している（図５）。併せて、非構造材（天井、内装、ガラス窓等）の対策も進められている（99.5％）。一方、校舎の老朽化面積は増加傾向にあり、不具合箇所の点検補修等の老朽化対策の取り組みが国により支援されている。

津波避難については、大川小学校の悲劇と対比される釜石での出来事などを教訓として様々な取り組みが行われていることは、は第３章「防災マニュアルと訓練」、第５章「連携による防災・危機管理」で詳述されている。

地震、津波で直接的な児童生徒への犠牲が出なかったとしても、その後の保護者への引き渡し、住家を失った被災者への避難所としての学校運営などについては、第５章に取り上げられたとおりである。

台風被害で当てはまるケースは戦前の1934（昭和９）年室戸台風があ

るが、現在では各種予警報、台風情報などの防災情報の充実による事前休講措置の普及、校舎の耐震化により耐風化も進んでいることから、学校内での台風被害はそれ以降は報告されていない。

2　学校管理下における校外での犠牲

このケースに該当、あるいは教訓とすべき事例は、1983年日本海中部地震と2008年都賀川水難事故がある。これらは学外活動中に津波、局地的豪雨により子供たちに犠牲者が出ているが、引率者が気象情報や災害の発生を予見する力を持ち、安全な避難行動をとっていれば防げた事例であり、教員の危機管理教育の徹底、さらには児童生徒が自分たちの命を守る行動が自分でできるような防災教育に教訓が引き継がれている。

3　学校管理下外での犠牲（校外）

被害地震のうち、学校管理下で取り上げた７件以外の24件は学校管理下外での地震である。児童生徒は学外にいることから、安否確認が必要となってくる。

その後、学校が避難所として児童生徒や家族の避難生活が行われることとなる。避難所としての学校運営については第５章記載のとおりである。

参考文献

地震本部　データ公開ポータルサイト　世界の被害地震の表（古代から2018年まで）https://iisee.kenken.go.jp/utsu/（2023. 12. 24参照）

新潟市編『新潟地震誌』昭和41年11月

文部科学省「東日本大震災における学校施設の被害状況等」平成23年６月８日

文科省報道発表資料「小中学校の耐震化率等の推移」令和４年８月８日

宮本弘「新潟地震は学校にどのような災害をもたらしたか―理科室・化学系実験室を中心として―」 科学教育第27巻第３号

総務省消防庁 HP　東日本大震災「３．釜石の奇跡」

気象庁 HP「防災気象情報と警戒レベルとの対応について」

栗田哲史、荒木田勝「インド洋津波被災地の津波リスクに関する意識の地域特性」地域安全学会論文集No.8、2006年11月
植村善博「室戸台風による京都市とその周辺の学校被害と記念碑」京都歴史災害研究第19号　2018年11月28日
田中章博「校舎も危ない」危機察知14分後に倒壊　その時生徒は　朝日新聞デジタル　2018年11月28日

コラム6－1

京都市の学校の日誌、聞き取り

〈下京区大内小学校の日誌〉

・９月21日金曜日。早朝より雨をまじえる風が強い。午前７時頃より児童は風雨の中続々と登校して教室で待機している。７時15分頃より次第に風は強さを増してきた。校長が担任教員に各教室へ入り児童の監督、保護にあたるよう、後の処置は追って通知するとの命令を下した。８時20分頃より風はいよいよ激烈となり、南、東、西側の塀は全て倒れて飛散し北校舎は危険状態になっている…」

〈京都府綴喜郡八幡小学校の記録〉

・校長は学校近くの住居から風雨の中７時20分に登校した。始業は８時30分であるが、多くの教員が早くから職員室に待機していた。強風となり、校長から「担任は各教室に出て適切な処置をとるように」命じた。教室では窓ガラスが割れて反対側に机を移動させ、登校してきた生徒は廊下に出した。南端の２階建30教室を有する長大な校舎は暴風に直撃される位置にあって危険がせまった。校長は危険を察知し早急に児童を避難せるべきだと決断、職員室には他にだれもいないため自ら教室を回って担任と児童に至急講堂に退避するよう命じていった。このような避難途中に大音響とともにＡ校舎が倒壊し、階下で避難最中の２・４年生が下敷きになった。地域住民や軍隊による救出活動がおこなわれたが、32名の児童と校長が即死、32名が重傷を負った。

出典：室戸台風による京都市とその周辺の学校被害と記念碑　植村善博

コラム６−２

京都府立桃山中学校の記録

〈京都府立桃山中学校の記録〉　当時の校長が記した石碑文等による被害記録

・午前８時10分。授業開始。そのころ、校舎外にいた校長は強風に吹き飛ばされて転倒し、校長室にたどり着けずに別室にとどまる。

・８時13分。運動場寄りの最南端の校舎にあたる第２教館に強風が直撃。２階教室の窓ガラスが割れ、壁が落ちた。校長は第２教館が危険と判断し、生徒を北側の第１教館と物理・化学室に避難させるように教員に命じた。火と電気を切るのも忘れなかった。

・強風が、避難場所となるはずの運動場から吹きつけていた。教員の一人は安全な避難候補地を探し始めた。現場の教員らは生徒たちが避難していた第１教館や物理・化学室なども危ないと判断し、校外への避難を始めた。

・８時27分。第２教館が轟音（ごうおん）と土煙をあげて倒壊。危険を察知してから14分後だった。「５分遅れて避難したら、あるいは、命令に従わずに騒いでいたら校舎の下敷きになっていた」。当時の生徒たちはそう振り返った。

出典：朝日新聞デジタル「校舎も危ない」危機察知14分後に倒壊。その時生徒は　2018年11月28日

執筆者紹介（氏名〔＊印は編著者〕／所属〔2024年3月現在〕／専門分野／主要業績）

＊**濱名陽子**（はまな・ようこ）／関西国際大学教育学部教授／教育社会学／『新・教育の社会学―〈常識〉の問い方、見直し方』（共著）有斐閣、2023年など
執筆担当：まえがき、第1章（共著）

齋藤富雄（さいとう・とみお）／関西国際大学心理学部教授／防災行政／『「防災・危機管理」実践の勘どころ』（単著）晃洋書房、2020年など
執筆担当：第5章

村田昌彦（むらた・まさひこ）／関西国際大学心理学部教授／防災行政／『災害対策全書【別冊】地方自治体の災害対応の要諦』（共著）ぎょうせい、2015年など
執筆担当：第6章

山本秀樹（やまもと・ひでき）／関西国際大学教育学部准教授／社会福祉・経験学習／『最新・はじめて学ぶ社会福祉14高齢者福祉』（共著）ミネルヴァ書房、2022年など
執筆担当：第1章（共著）

松尾和宣（まつお・かずのぶ）／関西国際大学教育学部准教授／社会科教育・人権教育／『小学校 特別支援教育 指導スキル大全』（共著）明治図書、2019年など
執筆担当：第3章（共著）、第4章

田中綾子（たなか・あやこ）／関西国際大学経営学部准教授／防災教育／『SDGs時代の社会貢献活動』（共著）昭和堂、2021年など
執筆担当：第2章、第3章（共著）

小学校教員のための安全管理――自然災害編

2024年3月29日　初版第1刷発行

編著者　濱名 陽子

発行者　杉田 啓三

〒607-8494　京都市山科区日ノ岡堤谷町3-1
発行所　株式会社 昭 和 堂
TEL（075）502-7500／FAX（075）502-7501
ホームページ　http://www.showado-kyoto.jp

印刷　亜細亜印刷

ISBN 978-4-8122-2314-7

乱丁・落丁本はお取り替えいたします。

Printed in Japan